활력 그룹의 훈련과 실행

The Training and the Practice of the Vital Groups

by Witness Lee

Originally Published by
Living Stream Ministry, Anaheim, California, U. S. A.

Printed in Korea.

활력 그룹의 훈련과 실행

위트니스 리

한국복음서원

차례

* 이 책에 인용된 성경 본문은 〈회복역 성경〉을 사용하였습니다.
* 이 책에 인용된 찬송가는 특별한 언급이 없는 경우 한국복음서원 찬송가입니다. 영어 찬송가는 리빙 스트림 미니스트리(Living Stream Ministry)에서 출간한 것입니다.

서문

이 책은 위트니스 리 형제님이 1993년 9월 1일부터 12월 15일까지의 기간에 캘리포니아주 애너하임에서 전한 메시지들로 되어 있습니다.

머리말
활력 그룹과 이기는 이들

An Introductory Word
The Vital Groups and the Overcomers

머리말
활력 그룹과 이기는 이들

성경: 창 2:9, 엡 1:23, 창 3:24, 6:3상, 17, 19:24-25, 12:7, 출 3:8상, 민 14장, 수 13:1-7, 삿 2:11-15, 마 21:43, 요 3:16, 고전 1:9, 엡 3:19하, 갈 1:6, 4:9, 마 13:33, 골 2:20-21, 요 15:2상, 계 5:6, 빌 1:19, 엡 4:12-13, 계 2:7하, 3:12, 딤후 2:12상, 계 20:4, 6, 마 25:21, 23, 30, 24:51상

개요

Ⅰ. 하나님의 영원한 경륜을 성취하기 위한 이 땅에서의 그분의 움직임.

A. 아담 족속을 통해.

1. 생명나무를 중심과 목표로 삼음 — 창 2:9.
2. 하나님의 의도.
   a. 사람이 하나님을 생명으로 취하는 것임.
   b. 유기적인 연결 안에서 사람과 하나 되는 것임.
   c. 인성 안에서 삼일 하나님의 단체적인 표현인 한 몸을 얻는 것임 — 엡 1:23.
3. 사람의 실패.
   a. 하나님께서 정하신 생명의 노선에서 빗나감 — 창 3:24.
   b. 육체가 됨 — 창 6:3상.
4. 하나님의 심판.
   a. 먼저는 물로 그다음은 불로 심판하심 — 창 6:17, 19:24-25.
   b. 타락한 족속을 멸망시키심.

B. 아브라함 족속을 통해.

1. 좋은 땅을 중심과 목표로 삼음 — 창 12:7, 출 3:8상.

2. 하나님의 의도.

a. 이 땅에서 그분과 하나 될 백성을 얻는 것임.

b. 그들이 하나님의 경륜을 수행함으로 그리스도께서 육체되심을 통해 인성 안으로 이끌리시는 것임.

c. 그들이 그리스도의 온전한 예표인 좋은 땅을 취하고 소유하고 누리는 것임.

3. 이스라엘의 실패.

a. 하나님의 목표인 좋은 땅 안으로 들어가지 않음 — 민 14장.

b. 가나안 사람들을 멸망시키지 않아 좋은 땅을 취하고 소유하지 못함 — 수 13:1-7.

c. 하나님과 동행하지 않아 좋은 땅에 대한 누림 가운데 머물지 못함 — 삿 2:11-15.

4. 하나님의 심판.

a. 광야에서 방황함.

b. 남아 있는 가나안 사람들에게 억압받음.

c. 아시리아와 바빌론과 페르시아와 헬라와 로마 사람들에게 사로잡히고 정복당함.

d. 세계 각처의 나라들로 흩어짐.

e. 하나님께 버림받음 — 마 21:43.

f. 좋은 땅에 대한 누림에서 멀어짐.

C. 교회를 통해.

1. 유일하신 그리스도를 중심과 목표로 삼음 — 요 3:16, 고전 1:9.

2. 하나님의 의도.

a. 과정을 거치신 삼일 하나님의 단체적인 표현을 위해 그리스도의 몸인 교회를 산출하는 것임 — 엡 1:23, 3:19하.

b. 새 예루살렘을 완결하기 위한 것임.

3. 교회의 실패.
   a. 그리스도에 대한 누림에서 빗나감 — 갈 1:6, 4:9.
   b. 혼합된 기독교가 됨 — 마 13:33, 골 2:20-21.
4. 하나님의 심판.
   a. 타락한 교회에 대한 유죄판결.
   b. 변질된 교회를 그리스도에 대한 누림에서 잘라 냄 — 요 15:2상.
   c. 이기는 이들이 일어나게 함.

D. 이기는 이들을 통해.
1. 다음과 같은 항목들의 회복을 위해, 공기 같은 영이신 그리스도를 중심과 목표로 삼음(계 5:6, 빌 1:19).
   a. 과정을 거치신 삼일 하나님께 참여함.
   b. 모든 것을 포함하시고 모든 것에 미치시는 그리스도를 풍성히 누림.
   c. 완결되시고 복합되신 영을 충만히 체험함.
   d. 영원한 생명에 의해 절대적으로 생활함.
   e. 그리스도의 몸을 건축함.
   f. 지방이라는 터 위에서 교회들을 실행함.
   g. 그리스도의 몸의 하나를 지킴.
2. 하나님의 의도.
   a. 그리스도의 몸의 건축을 완결하는 것임 — 엡 4:12-13.
   b. 새 예루살렘을 이끌어 오는 것임 — 계 2:7하, 3:12.
3. 이기는 이들의 성공.
   a. 활력적임 — 살아 있음 대(對) 사데의 죽어 있음, 활동적임 대(對) 라오디게아의 미지근함.
      1) 죄인들을 그리스도의 지체들이 되도록 구원하는 데 있어서.
      2) 그리스도 안에서 새로 태어난 믿는 이들을 먹이는 데 있어서.
      3) 성도들을 온전하게 하는 데 있어서.

4) 신언함으로 즉 하나님을 위해 말함으로, 교회들을 건축하여 몸을 건축하는 데 있어서.

b. 교회의 하락을 이김.

4. 하나님의 심판.

a. 왕국 안에서 그리스도를 충만하게 누리는 보상.

1) 그리스도와 함께 그분의 영광 안에서 왕으로서 다스림 — 딤후 2:12상, 계 20:4, 6.

2) 그리스도의 왕국 안에서 그분의 기쁨에 참여함 — 마 25:21, 23.

b. 의의 시대에 그리스도를 잃는 데서 혼을 구원함.

1) 징계의 시대에 어둠 속으로 내던져지는 데서 구원받음 — 마 25:30.

2) 그리스도의 영광 안에서 그분을 충만하게 누리는 데서 끊어지지 않도록 구원받음 — 마 24:51상.

Ⅱ. 새 예루살렘을 완결하여 하나님의 갈망을 이룸.

이 일련의 메시지에서 우리는 활력 그룹에 관해 말하고자 한다. 활력 그룹의 중요성을 보려면 성경 전체에 대한 분명한 조망이 필요하다.

하나님의 영원한 경륜을 성취하기 위한 이 땅에서의 그분의 움직임

성경은 하나님 자신께서 쓰신 책이며 그분은 살아 계시고 움직이시는 하나님이시다. 하나님은 마음의 갈망과 목적을 가지고 계시기 때문에 영원 과거에 자신을 위해 무언가를 하시려는 경륜을 세우셨다. 우리가 하나님의 빛 비춤 아래서 성경 육십육 권을 면밀히 읽는다면, 하나님의 영원한 경륜을 성취하기 위한 이 땅에서의 그분의 움직임이 오직 네 단계로 되어 있음을 분명히 볼 수 있다. 그분의 움직임은 첫째로 아담 족속을 통해, 둘째로 아브라함 족속을 통해, 셋째로 교회를 통해, 넷째로 이기는 이들을 통해 이루어진다. 나는 처음 세 단계가 아닌 마지막 단계에 무거운 부담이 있다. 이어지는 모든 장은 이 마지막 단계인, 이기는 이들을 통한 하나님의 움직임에 대해 다룰 것이다.

아담 족속을 통해

하나님의 영원한 경륜을 성취하기 위한 이 땅에서의 그분의 움직임은 첫째로 아담 족속을 통해 이루어졌다.

생명나무를 중심과 목표로 삼음

아담 족속을 통한 하나님의 움직임은 생명나무를 중심과 목표로 삼았다(창 2:9). 이 땅에서의 하나님의 모든 움직임은 각 단계마다 분명한 중심과 목표가 있다. 첫 번째 단계에서는 생명나무가 중심이자 목표였다. 사실상 이 나무는 우리의 생명이신 하나님 자신을 상징한다.

하나님의 의도

사람이 하나님을 생명으로 취하는 것임

하나님의 의도는 사람이 하나님을 생명으로 취하는 것이었다. 하나님은 사람을 창조하시고 생명나무 앞에 두셨는데, 이는 생명나무가 사람이 취하고 먹기에 좋았다는 것을 가리킨다(창 2:9). 그럴 때 사람은 하나님을 자신의 생명으로 얻을 수 있었다.

*유기적인 연결 안에서
사람과 하나 되는 것임*

하나님은 유기적인 연결 안에서 사람과 하나 되기를 원하셨다. 우리는 자신이 어떤 사람과 하나라고 말할 수는 있지만 그와 유기적으로 연결될 수는 없다. 하나님은 특별한 방식 즉 유기적인 연결의 방식으로 사람과 하나 되기를 원하셨다.

*인성 안에서 삼일 하나님의 단체적인 표현인
한 몸을 얻는 것임*

하나님의 의도는 인성 안에서 삼일 하나님의 단체적인 표현이 되는 한 몸을 얻는 것이었다(엡 1:23). 성경의 첫 장부터 하나님은 자신을 삼일 하나님으로서 계시하셨다. 하나님은 자신을 나타내는 단체적인 표현인 한 몸이 필요하시다.

사람의 실패

하나님께서 정하신 생명의 노선에서 빗나감

사람의 실패는 하나님께서 정하신 생명의 노선(창 3:24)에서 선과 악의 지식나무로 상징된 노선으로 빗나간 것이었다. 에덴동산에는 두 나무가 있었는데 이 나무들은 두 목표를 가진 두 근원, 두 노선, 두 중심을 상징한다.

육체가 됨

사람은 그의 실패로 말미암아 단지 죄가 있거나 세상적이 된 정도만이 아니라 육체가 되었다(창 6:3상).

하나님의 심판

사람의 실패 후에 하나님의 심판이 왔다.

먼저는 물로 그다음은 불로 심판하심

하나님은 노아의 때에 타락한 족속을 심판하셨는데, 먼저는 물 즉 홍수로 심판하셨고(창 6:17) 그다음은 하늘에서 내려오는 불로 소돔과 고모라를 태우심으로써 심판하셨다(19:24-25).

타락한 족속을 멸망시키심

최종적인 결과는 하나님께서 타락한 족속을 멸망시키신 것이었다. 하나님은 아담과 그의 후손들로는 그분의 목적을 완수하실 수 없었기 때문에 다른 족속에게로 가셨다.

아브라함 족속을 통해

좋은 땅을 중심과 목표로 삼음

아브라함 족속에 이르러 하나님은 좋은 땅을 중심과 목표로 삼으셨다(창 12:7, 출 3:8상). 창세기 12장부터 말라기서 끝까지 그 중심과 목표는 좋은 땅이다. 좋은 땅은 모든 것을 포함하신 그리스도의 완전하고도 온전한 예표이다.

하나님의 의도

이 땅에서 그분과 하나 될 백성을 얻는 것임

하나님의 의도는 이 땅에서 그분과 하나 될 한 백성을 얻는 것이었다.

그들이 하나님의 경륜을 수행함으로
그리스도께서 육체 되심을 통해 인성 안으로 이끌리시는 것임

하나님은 한 백성이 그분과 하나 되어 그분의 경륜을 수행함으로 그리스도께서 육체 되심을 통해 인성 안으로 이끌리시기를 원하셨다. 좋은 땅이라 불리는, 하나님의 백성이 살 수 있는 땅이 없었다면 그리스도께서 육체 되심을 통해 인성 안으로 들어오실 수 없었을 것이다. 그분께서 인성 안으로 들어오시려면 한 백성이 필요했고, 이 백성이 살아가려면 땅이 필요했다.

그들이 그리스도의 온전한 예표인
좋은 땅을 취하고 소유하고 누리는 것임

아브라함 족속에 대한 하나님의 의도는 그리스도께서 오셔서 사람이 되시기 전에 그들이 그리스도의 온전한 예표인 좋은 땅을 취하고 소유하고 누리는 것이었다.

이스라엘의 실패

하나님의 목표인 좋은 땅 안으로 들어가지 않음

아브라함의 후손들 또한 실패했다. 첫째로, 그들은 하나님의 목표인 좋은 땅 안으로 들어가지 않았다(민 14장). 좋은 땅이 그들 앞에 있었고 그 땅 안으로 들어갈 수 있었지만 그들은 들어가려고 하지 않았다. 이를 통해, 그리스도는 사람이 그분 안으로 들어오도록 준비되어 계시지만 오늘날 그분 안으로 들어가려는 사람이 거의 없음을 볼 수 있다.

가나안 사람들을 멸망시키지 않아 좋은 땅을 취하고 소유하지 못함

이스라엘은 또한 가나안 사람들을 멸망시키지 않아 좋은 땅을 취하고 소유하는 데 실패했다(수 13:1-7). 이 땅에 있는 많은 사람과 일과 사물이 우리가 그리스도를 취하지 못하도록 방해하고 있다. 이것은 가나안 일곱 족속이 좋은 땅을 차지한 채 이스라엘이 좋은 땅을 취하지 못하도록 방해하는 것으로 예표된다. 이스라엘 사람들은 담대하게 하나님을 신뢰하고 모든 가나안 사람을 멸망시켰어야 했지만 실패했다.

하나님과 동행하지 않아 좋은 땅에 대한 누림 가운데 머물지 못함

결국 이스라엘 사람들은 여호수아의 인도 아래 좋은 땅으로 들어갔다. 그러나 그들은 하나님과 동행하지 않아 좋은 땅에 대한 누림 가운데 머물지 못했다(삿 2:11-15). 여호수아기부터 에스더기까지 구약의 역사서는 좋은 땅 안으로 들어가는 법, 좋은 땅을 취하는 법, 좋은 땅을 소유하는 법, 좋은 땅 안에 머무르는 법을 상세하게 설명해 준다. 룻기는 나오미의 남편인 엘리멜렉이 좋은 땅에서 벗어나 모압으로 내려간 것을 보여 준다. 엘리멜렉은 좋은 땅에 대한 누림에서 벗어났고 두 아들과 그 자신이 하나님께 죽음을 당하는 형벌을 받았다. 그러자 나오미는 일어나서 돌아왔다. 이것은 오늘날 많은 그리스도인이 그리스도 안으로 들어와 잠시 머무르지만 이후에 그분에게서 벗어났음을 보여 준다.

하나님의 심판

광야에서 방황함

하나님은 먼저 그들을 광야에서 사십 년 동안 방황하게 하심으로 심판하셨다. 그 기간 동안, 이집트에서 나온 사람들 중 첫 번째 세대는 죽고 광야 여정 중에 흩뿌려져 사라졌다(고전 10:5).

남아 있는 가나안 사람들에게 억압받음

결국 이스라엘 자손은 좋은 땅으로 들어갔지만 그 땅 전체를 빼앗지는 않았다. 그들은 가나안 사람들을 철저히 멸망시키지 않았고, 남아 있는 가나안 사람들은 결국 그들에게 큰 문젯거리가 되었다. 그들은 가나안 사람들에게 수시로 억압받았다.

사로잡히고 정복당함

하나님은 또한 그들이 아시리아와 바빌론과 페르시아와 헬라와 로마 사람들에게 사로잡히고 정복당하도록 허락하심으로 그들을 심판하셨다.

세계 각처의 나라들로 흩어짐

이스라엘에게 임한 하나님의 더 무거운 심판은 그들이 세계 각처의 나라들로 흩어지게 된 것이다.

하나님께 버림받음

결국 이스라엘은 하나님께 버림받았다. 주님은 그들을 버리시고 그분의 왕국을 이스라엘에게서 교회에게로 돌리실 것이라고 그들에게 말씀하셨다(마 21:43).

좋은 땅에 대한 누림에서 멀어짐

그러므로 하나님께 버림받은 이스라엘은 좋은 땅에 대한 누림에서 멀어지게 되었다. 구약의 모든 역사서는 어떻게 우리가 좋은 땅이신 그리스도를 취하고 소유하며 이러한 그리스도에 대한 누림 안에 머물 수 있는지에 관한 자세한 기록이다. 신약은 그리스도에 대한 누림에 관해 구약의 예표처럼 많은 것을 상세하게 보여 주지는 않는다.

교회를 통해

하나님은 아브라함 족속으로는 그분의 목적을 완수하실 수 없어 교회에게로 전환하셨다.

유일하신 그리스도를 중심과 목표로 삼음

유일하신 그리스도가 교회를 통한 하나님의 움직임의 중심과 목표이시다(요 3:16, 고전 1:9).

하나님의 의도

과정을 거치신 삼일 하나님의 단체적인 표현을 위해
그리스도의 몸인 교회를 산출하는 것임

하나님의 의도는 과정을 거치신 삼일 하나님의 단체적인 표현을 위해 그리스도의 몸인 교회를 산출하는 것이다(엡 1:23, 3:19하).

새 예루살렘을 완결하기 위한 것임

교회의 건축은 새 예루살렘의 건축을 완성하고 완결하기 위한 것이다. 우리는 교회를 건축하는 동안 목표를 향하여 움직이는데, 그 목표는 새 예루살렘이다.

교회의 실패

그리스도에 대한 누림에서 빗나감

교회는 그리스도에 대한 누림에서 빗나감으로 실패하게 되었다(갈 1:6, 4:9). 오늘날의 기독교에는 심지어 '그리스도를 누림'이라는 말도 없다. 많은 사람이 근본주의적인 그리스도인이지만, 그리스도를 누리는 것이 무엇인지 전혀 모른다.

혼합된 기독교가 됨

교회는 혼합된 기독교가 될 정도로 실패했다(마 13:33, 골 2:20-21). 주 예수님은 마태복음 13장 33절에서 이러한 일이 일어날 것을 예언하셨다. 이 절에서 주님은 밀가루 서 말 속에 누룩을 넣은 여자에 관해 말씀하셨다. 소제물의 고운 가루는 하나님과 사람 모두를 위한 음식이신 그리스도를 상징한다. 그러나 기독교는 누룩과 고운 가루를 혼합했다. 누룩은 죄와 세상과 육체와 사탄과 모든 타락하고 부정적인 것들을 포함한다.

기독교는 분명 혼합물이다. 기독교에는 성경도 있고 하나님의 이름도 있고 그리스도도 있다. 또한 기독교는 그리스도께서 우리의 죄들 때문에 십자가에서 죽으셨다는 근본적인 복음도 전파한다. 그러나 거기에는 많은 비성경적인 것과 이교도의 실행과 이단적인 교리와 악한 일이 그리스도에 관한 가르침들과 혼합되어 기독교의 내용 전체를 누룩으로 부풀게 한다. 오늘날의 기독교는 순수하지 않은 혼합물이다. 가장 큰 혼합물 중 하나는 교파들이다. 하나님은 모든 교파의 입지를 유죄판결 하시고 거절하신다(참조 고전 1:12-13와 12절 각주 1, 계 3:8과 각주 3).

하나님의 심판

타락한 교회에 대한 유죄판결

하나님의 심판은 타락한 교회에 대한 유죄판결이다. 신약은 하락한 교회에 대한 하나님의 책망으로 가득하다.

변질된 교회를
그리스도에 대한 누림에서 잘라 냄

또한 하나님의 심판은 변질된 교회를 그리스도에 대한 누림에서 잘라 낸다(요 15:2상). 오늘날의 기독교는 교회의 본래 모습대로 남아 있지 않고 변질되었다. 요한계시록 2장과 3장에 언급된 일곱 교회 가운데 하나가 라오디게아 교회였다. 주 예수님은 라오디게아 교회 안에 계시지 않았다. 그분은 밖에서 그 교회의 문을 두드리고 계셨다(계 3:20). 이것은 하락 가운데 있는 교회가 그리스도에 대한 누림에서 잘라진 것을 의미한다.

이기는 이들을 일어나게 함

타락하고 변질된 교회에 대한 하나님의 심판은 이기는 이들을 일어나게 한다. 아담 족속을 통한 하나님의 움직임과 아브라함 족속을 통한 하나님의 움직임과 그 후에 교회를 통한 하나님의 움직임에는 실패가 있었다. 그러나 하나님의 심판은 이기는 이들을 일으키려는 것이었다. 이 때문에 성경의 마지막 책인 요한계시록이 있다. 요한계시록에는 머리이신 그리스도의 특별한 부름이 있는데, 이는 그분의 믿는 이들을 이기는 이들이 되도록 부르시는 것이다. 요한계시록 2장과 3장에는 교회들에게 보내어진 일곱 서신이 나온다. 각 서신의 끝에서, 머리이신 그리스도는 이기는 이들을 얻으시려고 그분의 부름을 발하신다. 그리스도는 이 부름을 일곱 차례 반복하신다(계 2:7, 11, 17, 26-28, 3:5, 12, 20-21). 요한계시록은 단순히 짐승이나 삼 년 반의 대환난에 관해 말하는 책이 아니다. 요한계시록은 이기는 이들에 관한 책이다. 우리는 이기는 이들을 얻으려는 주님의 부름에 온전히 주의를 기울여야 한다.

이기는 이들을 통해

하나님의 경륜을 성취하기 위한 이 땅에서의 그분의 움직임은 궁극적으로 이기는 이들을 통해 이루어진다. 이 장은 활력 그룹과 이기는 이들에 관한 것이다. 활력 그룹은 이기는 이들로 구성되어야 한다.

공기 같은 영이신 그리스도를 중심과 목표로 삼음

하나님은 공기 같은 영이신 그리스도를 중심과 목표로 삼아 그분의 경륜을 성취하시기 위해 이기는 이들을 통해 움직이신다(계 5:6, 빌 1:19).

'공기 같은 영이신 그리스도'라는 용어는 하나님의 움직임의 마지막 단계에서 그리스도께서 모든 것을 포함하신 영이 되셨다는 의미이다. 요한계시록 5장 6절은 일곱 배로 강화되신 영께서 그리스도의 눈이심을 계시한다. 사람의 눈은 그 자신과 하나이고, 사람은 주로 자신의 눈을 통해 표현된다. 그리스도는 그분의 일곱 눈에 의해 완전히 표현되시며 그분의 일곱 눈은 일곱 배로 강화되신 영이다. 이것은 그리스도를 공기 같은 영이신 그리스도, 즉 완결되시고 복합되시고 모든 것을 포함하신 영이신 그리스도가 되시게 한다. 빌립보서 1장 19절은 예수 그리스도의 영의 넘치는 공급에 관해 말한다. 예수 그리스도의 영은 그리스도 자신이시고, 공기 같은 영이신 이 그리스도는 넘치는 공급을 갖고 계신다. 그분은 모든 것을 포함하시고 풍성하시며 공급이 넘치는 분이시다. 이기는 이들의 시대에서 그리스도는 바로 이러한 분이시다.

우리는 어떤 시대에 있는지를 깨달아야 한다. 우리는 교회 시대에만 있는 것이 아니다. 우리는 교회 안에 있으면서 이기는 이들의 시대에 있다. 이기는 이가 되려면 하나님의 회복의 일곱 가지 기본 항목을 알아야 한다. 일곱 항목을 회복하시기 위해 하나님은 공기 같은 영이신 그리스도를 중심과 목표로 삼으셨다.

과정을 거치신 삼일 하나님께 참여함

주님의 회복의 주된 항목들 중 첫 번째 중점은 과정을 거치신 삼일 하나님께 참여하는 것이다. 우리는 육체 되심과 인간 생활과 십자가에 못 박히심과 부활과 승천의 과정을 거치신 삼일 하나님께 참여하고 동참하며 그러한 하나님을 누려야 한다. 이것이 삼일 하나님께서 거치신 과정이다. 고린도후서 13장 14절에서 바울은 "주 예수 그리스도의 은혜와 하나님의 사랑과 성령의 교통이 여러분 모두와 함께하기를 바랍니다."라고 말한다. 오늘날 우리는 이러한 방식으로 그분을 누린다. 아버지와 아들과 성령만이 아니라 사랑과 은혜와 교통이 우리와 함께한다. 그분은 사랑이시고, 은혜가 되셨으며, 그 영의 교통을 통해 우리에게 은혜이시다. 이것이 삼일 하나님께서 거치신 과정이다. 오늘날 우리는 이러한 삼일 하나님을 누리고 이러한 삼일 하나님께 참여하고 동참한다.

모든 것을 포함하시고 모든 것에 미치시는 그리스도를 풍성히 누림

주님의 회복의 주된 항목들 중 두 번째 중점은 모든 것을 포함하시고 모든 것에 미치시는 그리스도에 대한 풍성한 누림이다.

완결되시고 복합되신 영을 충만히 체험함

오늘날 그리스도인들은 하나님의 영이나 성령은 알지만 오늘날 하나님의 영께서 완결되시고 복합되신 영이시라는 것은 대부분 모른다.

영원한 생명에 의해 절대적으로 생활함

이기는 이들은 또한 영원한 생명에 의해 절대적으로 생활하는 것을 회복하기 위해 여기에 있다. 우리 그리스도인들은 사람의 생명과 신성한 생명을 소유하고 있다. 문제는 우리가 어떤 생명으로 사는가이다. 우리는 신성한 생명에 의해 살아야 하지만 많은 시간을 사람의 생명에 의해 살고 있다. 자매들이 쇼핑하러 갈 때 신성한 생명에 의해 가는가? 우리가 머리를 빗는 방식은 신성한 생명에 의한 것인가? 장로들이 장로 직분을 사람의 생명에 의해 실행하는가, 하나님의 신성한 생명에 의해 실행하는가? 장로들이 장로 직분의 오십 퍼센트만 신성한 생명에 의해 실행한다 해도 그것은 놀라울 것이다. 나는 집에 있거나 아내를 대하거나 손자들 또는 성도들을 접촉할 때 '이것은 신성한 생명에 의한 것인가, 단지 나의 생명에 의한 것인가?' 하고 항상 점검한다.

우리는 성질을 내지 않도록 인내를 훈련하는 것 같은 윤리적인 품행보다 더 높은 것을 행하기를 배워야 한다. 어떤 나이 든 사람들은 인내하는 법을 배웠다. 그들은 쉽게 성질을 내지 않지만 이것은 신성한 생명에 의한 것이 아니다. 오히려 우리는 우리의 영을 훈련하여 신성한 생명으로 성질을 제어해야 한다. 우리는 신성한 생명으로 살아야 한다. 신성한 생명에는 성질내는 것이 없다.

우리는 집회에서 점잖을지도 모르지만, 그것은 신성한 생명에 의한 것이 아니라 단지 조심스러운 것일 수 있다. 내가 이렇게 말하는 것은 많은 사람이 집회가 끝나면 부주의하게 말하고 행동하기 때문이다. 따라서 우리는 영원한 생명에 의해 절대적으로 생활할 필요가 있다.

그리스도의 몸을 건축함

우리는 교육을 받거나 생계를 위해 일하려고 여기에 있는 것이 아니다. 심지어 '우리의' 교회를 건축하려고 여기에 있는 것도 아니다. 우리는 그리스도의 몸을 건축하기 위해 여기에 있다. 장로 중 많은 이가 이기적으로 자신들의 교회만 위하고, 그리스도의 몸을 건축할 부담은 없을지도 모른다. 우리가 애너하임에 있는 교회를 건축하고 있다면, 이는 그리스도의 몸을 건축하기 위한 것이어야 한다. 각 지방에 있는 교회들의 건축은 그리스도의 몸을 건축하기 위한 것이어야 한다.

지방이라는 터 위에서 교회들을 실행함

신약성경은 각 도시에 오직 하나의 교회만 있어야 함을 분명하게 보여 준다. 이것은 한 남편에게 오직 한 아내만 있어야 하는 것과 같다(계

1:11, 행 8:1, 13:1). 그러나 오늘날의 상황을 보라. 모든 도시 안에 '교회 시장'이 있다. 최근의 소요에서 분열을 일으킨 사람들은 그 분열의 심각성을 주의하지 않았다. '한 도시에 한 교회', '한 남편에게 한 아내'가 있어야 한다. 한 도시 안에 하나보다 많은 교회가 있다면 영적인 음행을 범하는 것이다.

그리스도의 몸의 하나를 지킴

주님의 회복의 주된 항목들 중 마지막 중점은 그리스도의 몸의 하나를 지키는 것이다. 최근의 소요에서 의견을 달리하는 이들은 이 진리를 저버렸다. 그들의 비난이 사실이라 해도 이것은 분열을 일으키는 근거가 될 수 없다. 이것은 그들의 분열적인 행동을 정당화할 수 없다. 어떤 상황에서도 남편은 아내와 이혼해서는 안 된다. 별거도 잘못된 것이다. 우리는 그리스도의 몸의 하나를 힘써 지켜야 한다.

하나님의 의도

그리스도의 몸의 건축을 완결하는 것임

이기는 이들의 시대에서 하나님의 의도는 그리스도의 몸의 건축을 완결하는 것이다(엡 4:12-13). 주님의 이기는 이들은 그리스도의 몸의 건축에 충분한 주의를 기울여야 한다. 오늘날 그리스도인들이 분열되어 있는 것은 그리스도의 몸의 건축을 주의하지 않기 때문이다. 그들은 자신의 작은 일만을 주의한다. 우리가 자신의 지방에 있는 교회만을 건축하려 한다면 결코 이기는 이들이 될 수 없을 것이다.

이기는 이는 분열을 이기는 이여야 한다. 분열되기는 쉽다. 두 무리가 서로 좋아하지 않는다면 분리된 장소에서 모이기가 쉽다. 그러나 여러 해 동안 함께 머물기는 어렵다. 이혼이나 별거는 쉽지만, 지속적인 결혼 생활을 위해 함께 지내는 것은 그리 쉽지 않다. 이것이 하나를 지키는 것의 의미이다. 여러분은 인도하는 형제를 매우 친절하게 대할지도 모른다. 하지만 그 형제가 여러분에게 솔직한 말을 한다면 여러분은 마음이 상할 수 있다. 여러분은 교회생활을 떠나지는 않겠지만 그 형제와 말하려고 하지 않을 것이다. 이것은 일종의 숨겨지고 감추어진 분열이다. 우리는 하나를 지키기 위해 모든 부정적인 것들을 이겨야 한다.

새 예루살렘을 이끌어 오는 것임

우리는 새 예루살렘을 이끌어 오고 가져오기 위해 그리스도의 몸을 건축하고 있다(계 2:7하, 3:12).

이기는 이들의 성공

하나님의 경륜 안에서 이기는 이들은 성공한 사람들이다. 따라서 우리는 그들이 어떤 것에서 성공했는지를 보고자 한다.

활력적임 — 살아 있음 대(對) 사데의 죽어 있음,
활동적임 대(對) 라오디게아의 미지근함

합당한 그리스도인은 활력적이어야 한다. 활력적이라는 것은 살아 있고 활동적인 것을 의미한다. 나는 사람이기 때문에 반드시 그리스도를 믿어야 한다. 만일 내가 그리스도인이라면 반드시 회복 안에 있어야 한다. 만일 내가 회복 안에 있다면 반드시 활력적이어야 한다. 우리가 활력적이 아니라면 교회 안에 있을지라도 이기는 이들 가운데에는 있지 않은 것이다. 이기는 이는 활력적인 사람이다.

요한계시록에 있는 일곱 서신에서 주님은 사데 교회의 죽어 있음에 대해 책망하셨다. 주님은 사데 안에는 아무것도 살아 있지 않고 모든 것이 죽어 간다고 말씀하셨다(계 3:1-2). 모든 교회 집회에 정기적으로 참석하면서도 여전히 활력적이지 않고 죽어 갈 수도 있다. 라오디게아 교회는 미지근했다. 미지근한 사람들은 활동적이지 않다. 그들은 어떤 행동도 취하지 않는다. 활력적인 것은 사데의 죽어 있음과 라오디게아의 미지근함 모두를 이기는 것이다. 지금 우리가 있는 교회 전체가 사데와 같을지도 모른다. 그러나 이것은 그곳을 떠나야 한다는 의미가 아니다. 우리는 우리의 교회가 너무 죽어 있어서 살아 있는 교회를 갖고 싶다고 말할지도 모른다. 그러나 완전히 살아 있는 교회는 온 땅에 하나도 없다. 교회는 죽어 갈지도 모르지만 우리는 교회 안에 머물면서 죽어 있음을 이겨야 한다.

죄인들을 그리스도의 지체들이 되도록 구원하는 데 있어서

우리는 네 가지에 활력적이어야 한다. 먼저 우리는 죄인들을 그리스도의 지체들이 되도록 구원하는 데 활력적이어야 한다. 열매를 맺지 못하여 불모지와 같다면 우리는 패배했으며 이기지 못하고 있는 것이다. 우리가 이기고 있다면 먼저 열매 없음을 이겨야 한다. 매년 적어도 한두 명의 새로운 사람을 열매로 맺어야 한다.

몇몇 사람들은 삼 주 혹은 삼 개월을 나가서 문 두드리기에 힘썼지만 효과가 없다는 것을 깨닫게 되었다고 나에게 말했다. 그러나 복음을 위해 사람을 접촉하는 것이 효과가 없다고 말하려면 삼 년은 시도해 보아야 한다. 우리는 죄인들을 접촉하기 위해 매주 두 시간, 일 년에 쉰두 번 나가야 한다. 가끔은 직접 나가지 않아도 된다. 편지를 쓰거나 전화를 걸어 접촉할 수도 있다. 이렇게 일 년에 쉰두 번을 계속했는데 한 사람도 얻지 못할 것이라고 믿는가? 분명 누군가를 얻을 것이다. 일 년 안에 누군가를 얻지 못할지라도, 지속적이고 신실하게 사람들을 접촉하는 수고를 통해 결국에는 누군가를 얻게 될 것이다. 물론 우리가 나가지 않고 사람들을 접촉하지 않으면 어떤 일도 일어나지 않을 것이다. 우리의 수고의 정도가 결과의 정도를 결정한다.

마태복음 25장에 따르면 주님은 우리 각자에게 최소한 한 달란트를 주셔서 그것을 돈 바꾸는 사람들에게 맡겼다가 얼마간의 이자를 남길 수 있게 하셨다(27절). 돈 바꾸는 사람들은 우리가 온전하게 하고 그리스도 안에서 자라게 한 죄인들과 생명이 어린 이들이다. 우리는 주님에게서 받은 우리의 달란트를 그들에게 사용해야 한다. 그러면 그들을 통해 이자를 얻을 것이다. 우리는 주님께서 오실 때까지 장사를 해야 한다(눅 19:13). 사람들을 얻든 못 얻든 여전히 바쁘게 장사해야 한다. 아무것도 하지 않는 것은 얻는 것도 없음을 의미한다.

마태복음 25장은 주님께서 돌아오시어 우리에게 회계 보고를 요구하실 것이라고 말한다(19절). 우리는 주님께 책망받는 악하고 게으른 노예가 되기를 원하지 않는다. 주님은 악하고 게으른 노예를 바깥 어둠 속으로 내던져 징계받게 하실 것인데(마 25:30), 징계의 시대는 천 년 동안 지속될 것이다. 우리는 자신이 문제없다고 여기며 자만해서는 안 된다. 우리 모두는 머지않아 주님을 뵙고 그분께 회계 보고를 할 것이다.

그리스도 안에서 새로 태어난 믿는 이들을 먹이는 데 있어서

일단 우리가 죄인들을 접촉하여 그리스도의 지체들이 되게 하면, 그들은 그리스도 안에서 어린 아기들이 된다. 우리는 그리스도 안에서 이렇게 새로 태어난 믿는 이들을 먹여야 한다.

성도들을 온전하게 하는 데 있어서

우리가 아기들을 먹이면 이것으로 말미암아 그들이 자랄 것이다. 그럴 때 그들은 온전해질 필요가 있는 성도들이 될 것이다.

신언함으로 즉 하나님을 위해 말함으로,
교회들을 건축하여 몸을 건축하는 데 있어서

궁극적으로, 우리는 온전하게 된 성도들이 어떻게 신언해야 할지 즉 어떻게 하나님을 위해 말해야 할지를 배우도록 도와야 한다. 교회 집회에서 신언하는 것은 그리스도의 몸의 건축을 위해 교회들을 건축한다. 교회 집회에서 몇 사람만 말한다면 그리스도의 몸은 건축될 수 없다.

우리는 모든 성도가 신언하도록 즉 하나님을 위해 말하도록 그들을 온전하게 하고 세워 주는 데 최선을 다해야 한다. 교회 집회에서 말하는 이들이 많으면 많을수록 더 좋다. 이렇게 말하는 것은 지방적으로는 성도들을 세워 주고 우주적으로는 그리스도의 몸을 건축한다. 먼저 우리는 주님을 위해 말할 수 있도록 자신을 훈련해야 한다. 우리가 매수 주님을 위해 말하고자 한다면 우리 자신이 건축되고 자랄 것이다. 그럴 때 우리는 한 지방에 있는 교회뿐 아니라 그리스도의 우주적인 몸의 살아 있는 지체들이 될 것이다.

교회의 하락을 이김

앞에 언급된 하나님께서 정하신 길의 네 단계 모두와 관련하여 우리는 대가를 지불해야 한다. 그러나 이긴다는 것은 하나님께서 정하신 길의 실행들이 수행되지 못하도록 막는 모든 장애물과 방해물을 이긴다는 것만이 아니다. 여전히 우리는 오늘날의 교회의 하락을 이길 필요가 있다.

지금까지 주님은 아담 족속을 통해, 아브라함 족속을 통해, 교회를 통해 움직이셨다. 결국 그들은 주님을 실망시켰지만 주님은 포기하지 않으셨다. 요한계시록에서 주님은 이기는 이들이 그분의 이 땅에서의 움직임을 수행하여 그분의 영원한 경륜을 성취하도록 그들을 부르고 계신다. 성경은 이기는 이들이 주님을 위해 성공한 사람들임을 계시한다.

첫째로, 요한계시록 12장에는 죽은 이기는 이들이 있다. 이들은 우주적인 빛나는 여자에게서 태어난 사내아이로 상징된다. 그 단체적인 사내아이 속에 포함된 모든 사람은 어린양의 피와, 자기들이 증언하는 말과, 죽기까지 자기들의 혼생명을 사랑하지 않음으로 사탄을 이긴다(계 12:11). 둘째로, 살아 있는 이기는 이들이 있다. 셋째 하늘로 휴거되어 주님과 함께 시온산에 서 있는 십사만 사천 명이 바로 그들이다(계 14:1). 그들은 그리스도께서 어디로 가시든지 그분을 따라간다(계 14:4). 그들은 대환난이 이르기 전까지 이 땅에서 살아 있는 이기는 이들이다. 이 두 무리의 이기는 이들 외에 또 다른 무리의 이기는 이들이 있는데, 그들은 적그리스도와, 그의 우상과, 그의 이름의 우상숭배 숫자를 이길 것이다(계 15:2). 그들은 모두 순교하겠지만 적그리스도를 이길 것이다. 요한계시록은 주님께서 그분의 이기는 이들을 통하여 그분의 경륜을 성취하실 길을 얻으신다는 것을 보여 준다.

지방에 있는 교회들 안에서는 이기는 이들이 되기가 더 쉽다. 하지만 이것은 지방 교회들 안에 있기만 하면 이기는 이들이 된다는 뜻이 아니다. 어떤 교회도 이기는 교회가 아니다. 그러나 우리는 이기지 못한 교회 안에 남아 있으면서 이기는 이들이 되어야 한다. 우리는 각 지방에 있는 교회가 이기는 교회가 되기를 기대해서는 안 된다. 물론 우리 모두는 교회가 잘 전진하고 발전하는 것을 보고 싶지만, 가족의 모든 구성원이 강한 것은 아니다. 그래도 각 가정마다 강한 이가 많이 있을 것이다. 미국의 모든 시민이 전쟁에 나갈 군인이 될 수는 없지만 비교적 강한 이들은 전쟁에 나갈 수 있다. 우리는 교회의 다른 사람들이 이기지 못하고 있다는 말로 자신을 변명해서는 안 된다. 이러한 변명은 잘못이다. 우리는 여전히 이겨야 한다.

요한계시록 2장과 3장에서 주님은 교회들을 책망하셨다. 심지어, 라오디게아에 있는 교회에게 주님은 그들을 그분의 입에서 토하여 내실 것이라고 말씀하셨다(3:16). 그러면서 주님은 그들에게 이렇게 말씀하셨다. "이기는 이에게는, 내가 이기고 나서 나의 아버지의 보좌에 아버지와 함께 앉은 것과 같이, 나의 보좌에 나와 함께 앉도록 해 주겠다."(3:21) 어느 지방에 있는 교회가 하나라는 합당한 터에 세워져 있다면, 그 교회는 상태가 어떠하든 여전히 교회이다. 교회의 터는 지방 교회인지를 결정하는 요인이다. 만일 그 교회가 지방 교회라면 우리는 그곳에 남아 있어야 한다. 그러나 틀에 박힌 방식으로 그곳에 남아 있어서는 안 된다. 우리는 활력적이어야 한다.

이제 우리는 어떻게 활력적이 될 수 있는지를 생각해 볼 필요가 있다. 첫째로, 반드시 주님을 접촉하는 시간을 가져야 한다. 그릴 때 주님께 빛비춤을 받아 자신의 모든 결점, 실수, 악행, 부족함, 잘못, 허물 등을 보게 될 것이다. 우리는 주님께 철저히 자백함으로, 주님 앞에서 이 모든 부정적인 것들에 대해 철저히 용서받고 완전히 정결하게 되어야 한다.

둘째로, 함께 복음에 수고할 수 있는 동반자를 달라고 주님께 구해야 한다. 우리는 시간이 없다고 말해서는 안 된다. 모든 사람이 바쁘다. 우리는 시간을 아끼고 계획을 세워야 한다. 죄인들을 여러 방식으로 접촉하기 위해 매주 두 시간을 떼어 놓아야 한다. 그럴 때 우리는 몇 사람을 구원받게 하고 침례 주어 우리의 영적 아기들로 삼을 수 있다. 우리는 그들을 먹이고, 온전하게 하고, 신언할 수 있도록 세워 주어야 한다. 우리는 장로들이나 동역자들을 의지하지 말고, 우리 자신이 성경적인 길 즉 하나님께서 신약에서 정하신 길을 가기 위해 대가를 지불해야 한다.

우리의 지방에 있는 많은 사람이 단지 틀에 박힌 교회생활을 하고 있을 것이다. 이렇게 틀에 박힌 교회생활을 하는 사람들은 모두 패배한 이들이다. 그들은 이기는 생활을 하지 않는다. 그러나 우리는 일어나 활력적이 되는 길을 취해야 한다. 그럴 때 우리는 여러분의 지방에 있는 교회에서 활력적인 사람이 되어 활력 그룹을 산출하고 건축할 것이다. 그러면 주님께서 우리의 지방에서 몇몇 이기는 이들을 얻으실 것이다. 또한 그분의 영원한 경륜을 성취할 길이 있게 될 것이다.

하나님의 심판

이기는 이들은 성공하지만 성도들 대다수는 패배할 것이다. 결국 하나님의 심판은 그리스도의 심판대에서 모든 믿는 이에게 적용될 것이다(고후 5:10).

왕국 안에서 그리스도를 충만하게 누리는 보상

하나님은 이기는 이들에게 왕국 안에서 그리스도를 충만하게 누리는 보상을 주실 것이다. 오늘날 우리가 이기고 있다고 해도, 이는 그리스도를 누리는 것이지 충만하게 누리는 것이 아니다. 그리스도에 대한 충만한 누림은 다음 시대에 있을 것이다. 천년왕국 안에서 그리스도를 충만하게 누리는 데 참여하는 것은 우리에게 보상이 될 것이다.

그리스도와 함께 그분의 영광 안에서 왕으로서 다스림

그리스도에 대한 충만한 누림에는 그리스도의 영광 안에서 그분의 공동 왕이 되는 것이 포함된다(딤후 2:12상, 계 20:4, 6).

그리스도의 왕국 안에서 그분의 기쁨에 참여함

그리스도의 영광과 그리스도의 기쁨은 이기는 성도들에게 주어지는 하나님의 보상의 두 가지 주된 항목이다. 왕으로서 다스리는 것은 그분의 영광 안에 있고 기쁨은 그분의 왕국 안에 있다. 마태복음 25장 21절과 23절은 이기는 이들이 그리스도의 왕국 안에서 그분의 기쁨에 참여할 것임을 계시한다.

의의 시대에 그리스도를 잃는 데서 혼을 구원함

이기는 이들에게 주어지는 보상의 또 다른 방면은 혼의 구원이다. 여러분이 이겼다면 주님은 의의 시대에 그리스도를 잃는 데서 여러분을 구원하실 것이다.

*징계의 시대에 어둠 속으로
내던져지는 데서 구원받음*

이기는 이들은 징계의 시대에 어둠 속으로 내던져지는 데서 구원받을 것이다(마 25:30). 이 시대에서 이기지 못하는 이들은 의의 시대, 왕국 시대, 징계의 시대에 그리스도를 잃을 것이다.

*그리스도의 영광 안에서 그분을 충만하게 누리는 데서
끊어지지 않도록 구원받음*

마태복음 24장 51절 상반절은 패배한 이들이 엄하게 처벌받을 것이라고 말한다. 이것은 그들이 그리스도에게서 끊어진다는 의미이다. 우리는 구원받을 때 그리스도와 하나로 연결되었다. 그리스도와의 이 연결은 그리스도에 대한 우리의 누림을 위한 것이다. 그러나 우리가 이 시대에서 패배한다면, 주님은 돌아오실 때 우리를 엄하게 처벌하시고 그리스도에 대한 누림에서 끊으실 것이다.

심지어 오늘날에도 우리는 패배할 때 어둠 가운데 있게 되고 그리스도에 대한 누림에서 끊어진다. 요한복음 15장은 아버지께서 열매를 맺지 않는 가지들을 잘라 내신다고 말한다(2상, 6절). 잘라 내어진다는 것은 멸망할 것이라는 의미가 아니라 심지어 오늘날에도 그리스도에 대한 누림에서 끊어진다는 의미이다. 우리가 패배한 이들이라면 분명 주님께서 돌아오실 때 바깥 어둠 속으로 내던져지고 천년왕국 안에서 매우 누릴 만하신 그리스도에게서 끊어질 것이다.

새 예루살렘을 완결하여
하나님의 갈망을 이룸

이기는 이들을 통한 이 땅에서의 하나님의 움직임은 새 예루살렘의 건축을 완결하고 완성하여 하나님의 갈망을 이루기 위한 것이다. 오늘날 우리는 이기는 이들의 시대에 있다. 오늘날 그리스도인들 가운데 있는 모든 타락한 것을 이기려면 우리는 교회생활 안에서 반드시 활력적이어야 한다.

1

활력화됨

To Be Vitalized

제1장

활력화됨

성경: 롬 12:1-2, 11, 계 2:4, 12-15, 24, 20, 3:1-2, 15-16, 17-20, 2:7, 11, 17, 26-29, 3:5-6, 12-13, 21-22, 14:1-5, 21:1-2

개요

Ⅰ. 활력화되어야 하는 이유.

A. 하나님의 자비 — 롬 12:1상.

B. 교회의 하락.

1. 일반적인 교회.

a. 주님에 대한 첫째가는 사랑을 버림 — 계 2:4.

b. 세상과 결혼하여 사탄적이 되었고 성직자 계급 제도의 가르침으로 가득함 — 계 2:12-15.

2. 가톨릭교회.

a. 귀신적이 됨 — 계 2:24.

b. 음행과 우상숭배로 가득함 — 계 2:20.

3. 개신교 교회들.

a. 죽어 있었고 죽어 있음 — 계 3:1-2상.

b. 어떤 것도 완전하지 않음 — 계 3:2하.

4. 형제회.

a. 미지근하여 주님의 입에서 토하여 내어짐 — 계 3:15-16.

b. 스스로 만족하고 있지만, 비참하고 가련하고 가난하고 눈멀고 벌거벗었으며 그리스도가 없음 — 계 3:17-20.

C. 이기는 이들의 시대에서의 주님의 부름 — 계 2:7, 11, 17, 26-29, 3:5-6, 12-13, 21-22.

Ⅱ. 활력화되는 목적.

A. 주님의 부름에 반응하기 위해.

B. 이 시대에서의 주님의 회복을 위해(오늘날 주님의 회복의 주된 항목들 중 일곱 가지 핵심 요점에 주의를 기울임).

C. 각 지방에 있는 교회들의 합당한 실행을 통해 그리스도의 몸을 건축하기 위해.

1. 그리스도의 유일한 몸의 하나 안에 있는 지방이라는 터 위에서.

2. 네 단계에 의해.

a. 죄인들을 구원하여 그리스도의 몸의 지체들이 되게 함.

b. 새로 태어난 지체들을 먹임.

c. 성도들을 온전하게 함.

d. 신언함으로 각 지방에 있는 교회들을 건축하여 그리스도의 몸의 건축을 완결함.

Ⅲ. 활력화되는 길.

A. 회개하는 기도를 통해 주님에 대한 첫째가는 사랑 안에서 분발됨.

B. 주님께 철저히 자백함.

C. 주님뿐 아니라 추구하는 성도들과 함께 긴밀하고도 친밀하며 철저한 교통을 가짐.

D. 주님께 자신을 다시 헌신함.

1. 우리의 몸을 살아 있는 희생 제물로 주님께 드림으로 — 롬 12:1.

2. 이 시대를 본받지 말고 생각이 새로워짐으로 변화되어 — 롬 12:2.

3. 열심을 내어 게으르지 않고 영 안에서 불타서 주님을 섬김으로 — 롬 12:11.

E. 교회생활 안에서 이기는 이가 됨.

1. 주님의 부름에 따라 이기는 이들의 시대 안에서.
2. 오늘날의 예루살렘(교회생활) 안에 있는 오늘날의 시온으로서 — 계 14:1-5.
   a. 거룩한 성인 교회의 고봉, 중심, 높아짐, 강화됨, 풍성함, 실재.
   b. 거룩한 성(교회)을 완결하고 영원 안에서 완결될 새 예루살렘을 가져오기 위해 — 계 21:1-2.

이번 장에서 우리는 어떻게 활력화되는지에 관해 보고자 한다.

활력화되어야 하는 이유

하나님의 자비

활력화되어야 하는 이유는 하나님의 자비이다. '하나님의 자비'라는 표현은 로마서 12장 1절에서 사도 바울이 사용했다. 그는 "그러므로 형제님들, 내가 하나님의 자비로 말미암아 여러분에게 권유합니다."라고 말한다. 긍휼은 자비만큼 깊거나 부드럽지 않다. 따라서 사도가 선택한 '자비'라는 단어는 매우 의미심장하다. 그것은 하나님의 마음 안에 더욱 깊은 어떤 것이고, 우리의 마음을 만지는 더욱 깊은 어떤 것이다.

바울은 자신이 로마서 12장 이전의 열한 장에서 쓴 것을 가리키기 위해 이 단어를 사용한다. 그 장들에서 우리는 하나님의 선택에 대한 계시를 본다. 하나님은 영원 과거에 우리를 선택하셨고, 이를 근거로 하여 시간 안에서 우리를 부르셨다. 그런 다음 하나님은 그리스도의 구속과 죄들의 용서를 통해 우리를 의롭다 하셨다. 우리는 하나님의 원수들이었지만, 하나님은 우리를 그분 자신과 화목하게 하시고 신성한 생명을 통해 구원하셨다. 우리는 하나님의 자녀들로 거듭났고 이제 하나님의 자녀들로서 그분의 신성한 생명을 누린다. 이 생명 안에서 우리는 구원받았고 구원받고 있으며, 심지어 이 생명 안에서 왕으로서 다스릴 수 있을 정도로 구원받을 것이다. 이것은 어떠한 자비인가! 나는 하나님의 자비라는 항목을 깊이 생각할 때 크게 고무된다.

교회의 하락

교회는 그리스도의 몸의 모든 지체를 포함한다. 유감스럽게도 그리스도의 몸의 지체들인 하나님의 자녀들은 대부분 분열되고 흩어져서 기독교의 온갖 종교가 되고 말았다. 일반적으로 교회는 하락한 상태에 있다.

일반적인 교회

주님에 대한 첫째가는 사랑을 버림

일반적으로 말해서, 교회는 주님에 대한 첫째가는 사랑을 버렸다(계 2:4). '첫째가는'이라는 의미의 헬라어 단어는 누가복음 15장 22절에서 '제일 좋은'으로 번역된 헬라어 단어와 동일하다. 주님을 향한 우리의 첫째가는 사랑은 그분에 대한 제일 좋은 사랑임에 틀림없다. 일반적으로 교회는 주님에 대한 제일 좋은 사랑을 버렸다.

세상과 결혼하여 사탄적이 되었고
성직자 계급 제도의 가르침으로 가득함

하락한 교회는 또한 세상과 결혼했는데, 세상은 악한 자의 사탄적인 조직이다. 이 때문에 교회는 자연스럽게 사탄적이 되었다(계 2:12-15). 하락한 교회는 또한 성직자 계급 제도의 가르침들로 가득하다. 이런 가르침들은 지위와 계급이 있는 종교 조직과 관계있다. 이 가르침들은 그리스도의 지체들의 기능을 말살하고 그리스도께서 몸의 머리로서의 기능을 수행하지 못하시게 한다.

가톨릭교회

귀신적이 됨

가톨릭교회는 귀신적이 되었다. 요한계시록 2장 24절은 가톨릭교회 안에서 사탄의 깊은 것들을 가르친다고 말한다.

음행과 우상숭배로 가득함

가톨릭교회는 영적으로나 물질적으로나 음행과 우상숭배로 가득하다(계 2:20).

개신교 교회들

죽어 있었고 죽어 있음

개신교 교회들 안에서 뚜렷한 것은 죽어 있음이다. 그들은 죽어 있었고 여전히 죽어 있다(계 3:1-2상).

어떤 것도 완전하지 않음

주님은 개신교 교회들에 관해 이렇게 말씀하신다. "나는 너의 일이 나의 하나님 앞에서 완전하게 된 것을 하나도 발견하지 못하였기 때문이다."(계 3:2하) 개신교 교회들은 어떤 것도 완전하지 않다.

형제회

미지근하여 주님의 입에서 토하여 내어짐

형제회에서 뚜렷한 것은 미지근함이다. 그들은 차지도 않고 뜨겁지도 않으며 미지근하다. 따라서 주님은 그들을 그분의 입에서 곧 토하여 내실 것이라고 말씀하신다(계 3:15-16).

스스로 만족하고 있지만, 비참하고 가련하고 가난하고 눈멀고 벌거벗었으며 그리스도가 없음

주님은 라오디게아에 있는 사람들에게 그들이 스스로 풍성하다고 생각한다고 말씀하신다. 이것은 그들 스스로 매우 만족하고 있음을 의미한다. 그러나 사실상 그들은 비참하고 가련하고 가난하고 눈멀고 벌거벗었으며 그리스도가 없다(계 3:17-20). 이것은 오늘날 형제회의 상황을 묘사한 것이다. 형제회에는 그리스도가 없다. 왜냐하면 주님께서 미지근한 교회 밖에서 문을 두드리고 있는 분으로 묘사되시기 때문이다.

앞에서 언급한 요점들은 오늘날의 기독교의 하락한 상황을 우리에게 보여 준다. 이제 우리는 자신을 살펴보아야 한다. 실은 우리의 상황과 상태도 그렇게 고무적이지 않다. 이런 종류의 하락은 우리가 기꺼이 일어나는 이유가 되어야 한다. 이런 하락 때문에 우리는 "주님, 저는 활력화되기 원합니다. 일어나기 원합니다."라고 기도해야 한다. 활력화되기를 갈망하는 첫 번째 이유는 하나님의 자비이고 두 번째 이유는 교회의 하락이다.

이기는 이들의 시대에서의 주님의 부름

활력화되어야 하는 세 번째 이유는 이기는 이들의 시대에서의 주님의 부름이다. 1세기 말에 주님은 이 부름을 발하기 시작하셨다. 이렇게 이기는 이들을 부르는 것은 요한계시록 2장과 3장에서 일곱 교회에게 일곱 번 반복된다(2:7, 11, 17, 26-29, 3:5-6, 12-13, 21-22). 이런 부름이 여전히 발해지고 있다. 성경의 마지막 책에 이를 때, 우리는 이기는 이들을 부르시는 주님의 음성을 듣는다. 우리는 이기는 이라고 말할 담대함이 없을지라도 "나는 이기는 이가 될 것이다!"라고 말해야 한다. 우리는 이기는 이들의 시대에 있는 사람들이다.

활력화되는 목적

주님의 부름에 반응하기 위해

활력화되는 첫 번째 목적은 주님의 부름에 반응하는 것이다. 활력화되고 활력 그룹 안에 있고자 하는 우리의 갈망은 이 시대에서의 주님의 부름에 대한 우리의 반응이다. 어느 때보다도 바로 이 시점에 주님은 이기는 이들이 필요하시다. 주님은 시대가 어두울수록 더욱더 그분의 이기는 이들을 부르실 것이다.

이 시대에서의 주님의 회복을 위해

우리는 또한 이 시대에서의 주님의 회복을 위해 활력화되고, 오늘날 주님의 회복의 주된 항목들 중 일곱 가지 핵심 요점에 충분한 주의를 기울여야 한다. 이 요점들은 과정을 거치신 삼일 하나님께 참여함, 모든 것을 포함하시고 모든 것에 미치시는 그리스도를 풍성히 누림, 완결되시고 복합되신 영을 충만히 체험함, 영원한 생명에 의해 절대적으로 생활함, 그리스도의 몸을 건축함, 지방이라는 터 위에서 교회들을 실행함, 그리스도의 몸의 하나를 지킴이다. 우리는 주님의 회복 안에 있는 이러한 일곱 가지 핵심 항목에 대해 기도하는 데 얼마간 시간을 들여야 한다. 이것들을 두고 기도하되, 이것들로 충분히 인상을 받고 심지어 가득 채워질 때까지 한 항목씩 기도해야 한다.

각 지방에 있는 교회들의 합당한 실행을 통해 그리스도의 몸을 건축하기 위해

활력화되는 것의 목적은 또한 각 지방에 있는 교회들의 합당한 실행을 통해 그리스도의 몸을 건축하는 것이다. 이 항목은 두 가지 요점을 다룬다. 곧 몸과 몸의 지방적인 표현인 각 지방에 있는 교회들이다.

그리스도의 유일한 몸의 하나 안에 있는 지방이라는 터 위에서

그리스도의 몸의 건축은 그리스도의 유일한 몸의 하나 안에 있는 지방이라는 터 위에서 이루어진다. 의견을 달리하는 어떤 이들은 각 지방에 있는 교회들이 자치적이라고 잘못 가르쳤다. 그러나 어떤 지방에 있는 교회도 자치적일 수 없다. 그것은 교회 전체가 하나의 유기체 즉 하나의 유기적인 몸이기 때문이다. 우리 신체의 어떤 부분도 자치적이지 않다. 우리의 코는 신체의 다른 부분에게 자신을 만지거나 간섭하지 말라고 말할 수 없다. 이렇게 한다면 코는 죽게 될 것이다. 몸의 지체는 살아 있는 이상 조금도 자치적이지 않다. 어떤 사람들은 각 지방에 있는 교회들을 지나치게 강조한 나머지 몸의 하나를 소홀히 했다. 분명 우리는 지방이라는 터 위에 서 있지만, 그리스도의 유일한 몸의 하나 안에서 이것을 실행한다.

네 단계에 의해

각 지방에 있는 교회들의 실행은 그리스도의 유일한 몸의 하나 안에 있는 지방이라는 터 위에서 다음의 네 단계에 의해 이루어진다.

죄인들을 구원하여
그리스도의 몸의 지체들이 되게 함

우리는 사람들을 얻는 것에 주의하지 않는다. 우리의 복음 전파는 사람들을 구제하려는 것이 아니라 죄인들을 구원하여 그리스도의 지체들이 되게 하려는 것이다. 우리는 주위에 사는 수많은 사람 중 상당수가 하나님께서 영원 과거에 선택하신 이들임을 믿어야 한다. 어떤 사람이 그들인지 우리는 알지 못하지만 주님은 아신다. 어떻게 그들을 얻을 수 있는가?

성경은 물고기 잡는 것을 예시로 사용한다. 죄인들을 구원받게 하는 것은 물고기를 잡는 것과 같다(마 4:19, 눅 5:9 10). 물고기가 있는 바다로 가지 않으면 어떻게 물고기를 잡을 수 있겠는가? 죄인들을 얻는 원칙 즉 비결은 '물고기를 잡으러 가는 것'이다. 우리가 사는 곳 주위에는 많은 죄인들, 곧 많은 '물고기들'이 있다. 매주 지속적으로 그들을 접촉하러 간다면 결국 누군가를 얻을 것이다. 그러나 우리는 충분한 인내가 없기 때문에 물고기를 잡으러 가는 것을 좋아하지 않는다. 어부는 몇 마리의 물고기를 잡을 때까지 끈기 있게 낚시를 한다. 복음에 수고할 때 우리도 이와 같아야 한다. 우리는 아무 결과도 없이 거의 일 년 동안 나갈지도 모른다. 그러나 연말에 한 가족 전체를 얻을 수도 있다. 우리는 지속적으로 수고하고 각 사람이 매년 한 사람을 교회생활을 위한 남아 있는 열매로서 얻을 수 있도록 주님을 앙망해야 한다.

새로 태어난 지체들을 먹임

우리가 몇 사람을 구원하여 그리스도의 지체가 되게 하면 그들은 어린 아기이다. 그들이 자랄 수 있도록 먹이는 것이 필요하다.

성도들을 온전하게 함

새로 태어난 지체들은 먹이는 것이 필요하고, 양육받은 지체들은 온전하게 됨이 필요하다. 그러므로 우리는 죄인들을 구원하는 법, 새로운 사람들을 먹이는 법, 성도들을 온전하게 하는 법을 배워야 한다.

신언함으로 각 지방에 있는 교회들을 건축하여 그리스도의 몸의 건축을 완결함

마지막으로, 교회생활을 실행하는 것은 신언하는 것이다. 즉 하나님을 위해 말씀을 말하고 심지어 하나님을 말해 내는 것이다. 이것은 기독교의 실행과 전적으로 다르다. 기독교의 설교자들은 한 무리의 성직자 계급이 되었는데, 그 무리는 일종의 계급과 체계를 세워 그리스도의 몸의 모든 지체의 기능을 무력하게 만든다.

우리는 어떻게 모든 그리스도인이 주님을 위해 말할 수 있는지를 궁금해할지도 모른다. 회복에 들어온 지 얼마 되지 않은 어떤 사랑스러운 성도들은 교회를 사랑한다. 그런데 그들은 신언하는 것이 너무 어려워서 그것을 좋아하지 않는다고 말할지도 모른다. 그러나 우리는 아이들이 부모가 말하는 것을 듣고 모방함으로써 말하는 법을 배운다는 것을 분명히 알아야 한다. 영적으로 말해서, 오늘날 신언하는 것도 이와 동일하다. 새로운 지체들은 우리와 함께 집회에 오면서 우리가 말하는 것을 듣고 자연히 말하는 법을 배우게 된다. 신약은 성직자-평신도 제도를 유죄판결

한다(참조 계 2:6과 각주). 그리스도의 몸을 건축하는 길은 모든 성도가 신언하는 것이다. 이런 이유로 우리는 반드시 말하기를 배워야 한다. 우리는 신언함으로 각 지방에 있는 교회들을 건축하여 그리스도의 몸의 건축을 완결해야 한다.

활력화되는 길

이제 우리는 활력화되는 길을 보기 원한다. 애너하임에서 로스앤젤레스로 가는 길이 많듯이 활력화되는 길도 많다. 여기서 나는 일반적인 길을 제시하고자 한다.

회개하는 기도를 통해 주님에 대한 첫째가는 사랑 안에서 분발됨

우리는 더럽고 악한 죄인이었지만 하나님은 우리에게 자비를 베푸시고 우리를 선택하셨다. 우리에 대한 하나님의 자비를 깊이 생각하고 우리를 구원하신 주님의 사랑을 되새길 때, 우리는 회개하는 기도를 통해 주님에 대한 제일 좋은 사랑 안에서 분발될 것이다. 이로써 우리는 활력화될 것이다.

주님께 철저히 자백함

우리는 회개하는 기도를 할 때 자신의 실패, 실수, 악행, 잘못, 허물 등을 철저히 자백해야 한다.

주님뿐 아니라 추구하는 성도들과 함께 긴밀하고도 친밀하며 철저한 교통을 가짐

우리는 주님뿐 아니라 추구하는 성도들과 함께 긴밀하고도 친밀하며 철저한 교통을 가져야 한다. 주님과 교통하는 것만으로는 충분하지 않다. 우리는 또한 성도들과의 교통 안에 있어야 한다. 우리는 함께 수고할 수 있는 동반자들을 얻어야 한다. 성경에 있는 본에 따르면 다니엘은 세 명의 동반자가 있었다(단 1:6). 나는 여러분이 세 명의 동반자를 얻도록 격려하고 싶다. 동반자들을 달라고 장로들에게 요청하지 말라. 주님께서 여러분을 누군가에게 인도해 주시고 교통 가운데서 그가 여러분의 동반자가 되게 해 주시기를 구하라. 그럴 때 여러분은 몇몇 사람을 얻을 수 있다. 여러분과 동반자들은 자연스레 매우 훌륭한 소그룹이 될 것이다.

장로들은 조직적인 방식으로 그룹을 형성하려고 해서는 안 된다. 그것은 효과가 없다. 장로들은 먼저 성도들을 분발시켜 활력화해야 한다. 일단 활력화되면, 동반자들이 필요하다는 깊은 느낌이 있을 것이다. 그다음으로 주님의 인도를 따라, 우리와 함께할 몇 사람을 얻어 한 그룹이 되어야 한다. 이것은 유기적인 그룹이 될 것이고, 결국 이 그룹은 활력화될 것이다. 네 명의 성도가 함께 그룹을 지으면 충분하다. 이 시점에 더 많은 성도를 구하지 말라. 그 대신, 몇몇 새로운 물고기들을 얻으러 나갈 정도로 활력화되라. 네 명의 성도로 이루어진 유기적인 그룹이 활력화된다면, 함께할 성도를 더 물색할 필요가 없을 것이다. 그 대신 우리는 몇몇 새로운 물고기들을 얻으러 나갈 것이다.

주님께 자신을 다시 헌신함

교통 가운데서 동반자들을 얻은 후에는 앞장서서 주님께 자신을 다시 헌신하는 것을 배워야 한다. 우리는 이미 헌신했을지도 모르지만, 새롭게 다시 헌신될 필요가 있다.

우리의 몸을 살아 있는 희생 제물로 주님께 드림으로

몸을 드린다는 것은 우리의 몸을 살아 있는 희생 제물로 주님께 드린다는 것을 의미한다. 우리는 주님께 자신의 몸을 희생 제물로 드려야 한다. 이것은 바울이 로마서 12장 1절에서 가르친 것이다. 우리는 자신의 몸을 드림으로 자신을 다시 헌신할 필요가 있다.

이 시대를 본받지 말고 생각이 새로워짐으로 변화되어

먼저 우리는 주님께 몸을 드린다. 더 나아가 우리는 이 시대를 본받지 말고 생각이 새로워지게 해야 한다(롬 12:2). 세상은 많은 시대로 이루어지는 사탄의 체계이다(엡 2:2). 한 시대는 사탄의 체계의 한 부분, 한 단면, 한 방면, 현재와 현대의 유행을 가리킨다. 이것은 사탄이 사람들을 강탈하고 점유하고 하나님과 그분의 목적에서 벗어나게 하는 데 사용된다. 여러 해 전에 남자들은 폭넓은 넥타이를 매었다. 그것이 그 시대의 흐름이었다. 이후에 남자들은 폭이 좁은 넥타이를 매었다. 그것은 또 다른 시대의 흐름이었다. 1960년대에 남자들은 장발을 하기 시작했다. 그것이 그 시대의 흐름이었다. 모든 세상 사람은 현시대를 본받는다. 활력화되려면 우리는 생각이 새로워짐으로 변화되어야 한다. 그럴 때 이 시대를 본받지 않을 것이다.

열심을 내어 게으르지 않고 영 안에서 불타서 주님을 섬김으로

우리의 몸은 주님께 드려져야 하고, 우리의 생각은 새로워져서 주님께 점유되어야 하며, 우리의 영은 불타야 한다. 이것은 우리의 존재 전체, 곧 영과 혼과 몸에 관계되어 있다. 우리는 주님께서 온전히 얻으시고 점유하신 사람들이 되어야 한다. 열심을 내어 게으르지 않고 영 안에서 불타서 주님을 섬겨야 한다(롬 12:11). 그러면 우리는 활력화될 것이다.

교회생활 안에서 이기는 이가 됨

주님의 부름에 따라 이기는 이들의 시대 안에서

교회생활은 이기는 이가 되기에 적합한 곳이다. 그러나 이것은 교회생활 안에 있기만 하면 이기는 이라는 의미가 아니다. 교회생활 안에 있는 것과 교회생활 안에서 이기는 이가 되는 것은 별개의 일이다.

오늘날의 예루살렘(교회생활) 안에 있는 오늘날의 시온으로서

구약에는 시온을 중심으로 하는 예루살렘성이 있었다. 예루살렘은 산악 지대에 세워졌다. 예루살렘은 여러 산 위에 세워졌는데 시온산은 그중 하나였다. 시온이 중심이고 예루살렘은 둘레이다. 교회생활은 오늘날의 예루살렘이다. 교회생활 안에는 한 무리의 이기는 이가 있어야 하며, 이들이 바로 오늘날의 시온이다. 요한계시록 14장에 따르면 이기는 이들은 주님과 함께 시온산에 서 있다(1-5절). 성경의 예표에서, 사실상 이기는 이들이 오늘날의 시온이다. 그런 다음 요한계시록의 마지막 두 장에는 새 예루살렘이 있다. 시온(이기는 이들)이 없다면 예루살렘(교회생활)은 지켜지고 유지될 수 없다.

*거룩한 성인 교회의
고봉, 중심, 높아짐, 강화됨, 풍성함, 실재*

시온은 거룩한 성인 교회의 고봉, 중심, 높아짐, 강화됨, 풍성함, 실재이다. 한 지방의 교회에 이기는 이가 없다면, 그 교회는 시온이 없는 예루살렘과 같다. 오늘날 이와 같은 몇몇 교회들이 있다. 따라서 그 교회들은 약한 교회이다. 한 지방의 교회에는 몇몇 이기는 이들이 있어야 하며, 그들은 그 지방에 있는 교회의 봉우리이자 중심이다. 그들은 그 지방에 있는 교회의 높아짐, 강화됨, 풍성함, 실재이다. 그 지방의 교회에서 이러한 이기는 이들을 제거한다면, 그 교회는 바람 빠진 타이어와 같게 된다. 전시간 훈련은 이기는 이들을 산출하기 위한 것이다. 어떤 교회에 몇몇 전시간 봉사자들이 이기는 이로서 있다면, 그 교회는 시온이라는 봉우리를 가진 예루살렘과 같을 것이다. 시온과 같은 이기는 이들은 교회의 가장 두드러진 부분이자 중심이자 실재이다.

*거룩한 성(교회)을 완결하고
영원 안에서 완결될 새 예루살렘을 가져오기 위해*

오늘날의 시온인 이기는 이들은 거룩한 성(교회)의 완결을 위해 있다. 그들은 각 지방에 있는 교회의 건축을 완결하고 마감하여 영원 안에서 완결될 새 예루살렘(계 21:1-2)을 가져오기 위해 있다. 몸의 건축을 완성하려면 주님은 이기는 이들이 필요하시고, 몸의 건축은 새 예루살렘으로 완결된다. 따라서 이기는 이들에 대한 부름은 성경의 끝부분 즉 마지막 책에 있다. 오늘날 활력화되는 길은 이기는 이가 되라는 주님의 부름에 응답하는 것이다.

오늘 우리 앞에는 두 길이 있다. 우리는 활력화되는 것과 활력화되지 않는 것 중 하나를 선택할 수 있다. 나는 우리 앞에 이 두 길을 제시하고 있다. 어느 길을 선택하겠는가? 활력화될 것인가 활력화되지 않을 것인가? 우리는 결심해야 한다. 사사기 5장 15절에서 드보라는 "르우벤의 분파들 가운데에는 / 마음에 큰 결심이 있었다네."라고 말했다. 우리는 이기는 이들 즉 활력화된 이들이 되기를 결심해야 한다. 이기는 이는 그리스도를 대치하거나 반대하는 것이라면 무엇이든 이긴다. 성경에는 이기는 이들의 시대와 이기는 이들에 대한 부름이 있다. 그뿐 아니라 우리가 이기는 이들이 될 수 있도록 활력화되는 길이 있다.

2

오늘날의 세 가지 원수

The Three Enemies Today

제2장

오늘날의 세 가지 원수

성경: 계 3:1-2, 롬 12:1-10, 계 3:14-18, 20, 롬 12:11, 요 15:2상, 마 25:24-30

개요

Ⅰ. 사데의 죽어 있음 — 계 3:1-2.

A. 몸의 생활 안에서 정복됨 — 롬 12:3-10.

B. 다음과 같이 함으로.

1. 우리의 몸을 살아 있는 희생 제물로 하나님께 드림 — 롬 12:1.

2. 이 시대를 본받지 말고 생각이 새로워짐으로 변화됨 — 롬 12:2.

Ⅱ. 라오디게아의 미지근함 — 계 3:14-16.

A. 그리스도의 풍성을 추구하는 것에 의해 정복됨 — 계 3:17-18, 20.

B. 다음과 같이 함으로.

1. 열심을 내어 게으르지 않음 — 롬 12:11상.

2. 영 안에서 불타서 주님을 섬김 — 롬 12:11하.

Ⅲ. 퇴보하는 믿는 이들의 열매 없음.

A. 필사적일 때 정복됨.

B. 다음과 같이 함으로.

1. 이 시대에서 그리스도의 공급에 대한 누림에서 끊어지는 것을 두려워함 — 요 15:2상.
2. 오는 시대의 징계를 주의함 — 마 25:24-30.

우리는 이전 장에서 활력화되는 길이 회개하는 기도를 통해 주님에 대한 첫째가는 사랑 안에서 분발되고, 주님께 철저히 자백하고, 주님뿐 아니라 추구하는 성도들과 함께 긴밀하고도 친밀하며 철저한 교통을 가지며, 주님께 자신을 다시 헌신하는 것임을 보았다. 이번 장에서는 오늘날 우리에게 있는 세 가지 특별한 원수를 보기 원한다. 이 원수들은 죽어 있음과 미지근함과 열매 없음이다. 이러한 원수들이 있기 때문에 우리는 주님께서 우리를 활력화하여 주시도록 그분을 앙망해야 한다는 절박한 느낌이 있다. 우리는 살아 있고, 불타며, 열매를 많이 맺어야 한다.

이러한 세 가지 원수는 좋은 그리스도인들, 곧 정기적으로 집회에 참석하는 형제자매들을 주로 대적한다. 이 원수들은 세상적인 그리스도인들, 즉 쾌락과 오락 속에 사는 이들에게는 원수가 아니다. 우리는 주님을 사랑하고 신실하며 정기적으로 집회에 참석할지도 모른다. 그러나 죽어 있음과 미지근함과 열매 없음이 우리를 상습적으로 찾아오는 원수들이라는 것을 깨달아야 한다. 우리는 그것들을 실지로 원수라고 생각하지 않고, 치명적인 원수라고는 더더욱 생각하지 않을지도 모른다.

하나님 앞에서 죽음은 죄보다 더 사람을 더럽힌다(계 3:1, 레 11:24-25, 민 6:7, 9). 더욱이 미지근함은 주님께서 보시기에 혐오스러운 것이다. 라오디게아의 미지근함 때문에 주님은 라오디게아 사람들을 그분의 입에서 토하여 내셨다(계 3:16). 우리는 주님의 입에서 토하여 내어지는 것에 관해 올바르게 인식하고 있는가? 이것은 미지근함이 얼마나 엄중한 것인지를 보여 준다. 회복 안에서 우리는 집회에 참석하고 정기적으로 교회에서 봉사하는 좋은 그리스도인과 성도일 수 있지만, 그렇게 살아 있거나 불타지 않는다. 우리는 뜨겁지도 않고 차지도 않다. 그 대신에 미지근하다.

열매 없음은 훨씬 더 간교한 원수이다. 어떤 부부들은 자녀를 가질 수 없는데 이것은 그들에게 커다란 문제가 된다. 사람의 갈망에 따르면 부부

생활의 의미는 자녀를 갖는 것이다. 마찬가지로, 우리가 열매를 맺지 않는다면 즉 영적인 자녀들을 낳지 않는다면 우리의 교회생활은 큰 의미가 없다. 열매 맺음이 없다면 실지적인 교회생활도 없다. 다음 주일 집회에서 쉰여덟 명의 새로운 사람에게 침례를 준다고 가정해 보자. 우리 모두가 주님 안에서 흥분하고 기뻐할 것이다. 그러나 열매를 맺지 못하기 때문에 우리에게는 큰 기쁨이 없다. 열매 없음은 합당한 교회생활을 무력하게 하는 가장 큰 원수이다.

우리가 인간 생활에서 자녀를 가질 수 없다면 그 대신 주님을 가질 수 있다. 그러나 우리가 교회생활 안에서 열매를 맺지 못한다면 주님은 그것을 대신해 주지 않으실 것이다. 우리는 주님을 매일 누린다고 느낄지도 모르지만 나무는 그 열매로 알게 된다. 진정한 교회생활은 열매 맺음으로만 입증될 수 있다. 우리가 삼 년이나 오 년, 심지어 십 년 동안 열매를 맺지 못했다면 그리스도에 대한 우리의 누림에 의문을 제기해 보아야 한다. 우리가 열매를 맺고 있지 않다면 틀림없이 무언가가 합당하지 않거나 잘못된 것이다.

요한계시록 2장과 3장에는 교회들에게 보내어진 일곱 서신이 나온다. 여기서 주님은 사데의 경우에는 죽어 있음을 다루시고 라오디게아 사람들의 경우에는 미지근함을 다루셨지만, 열매 없음에 대해서는 다루지 않으셨다. 이미 요한복음 15장에서 이 문제를 매우 엄중하게 다루셨기 때문이다. 사복음서에서 주님은 죽어 있음이나 미지근함에 대해 다루지 않으셨다. 그런데 주님은 한 장에서, 즉 요한복음 15장에서 열매 없음에 대해 최대한도로 다루셨다. 어떤 사람들은 요한복음 15장이 그리스도 안에 거하는 것에 관한 장이라고 말한다. 그러나 사실상 그 장은 거함이 아니라 열매 맺음에 관한 것이다. 거하는 것은 열매를 맺기 위한 것이다. 주님은 "내 안에 있으면서 열매를 맺지 않는 가지마다 아버지께서 잘라 내시고

… 사람이 내 안에 거하지 않으면, 가지처럼 밖에 던져져 말라 버립니다."(요 15:2상, 6상)라고 말씀하셨다. 가지가 밖에 던져진다는 것은 포도나무의 생명의 풍성에 참여하는 데서 끊어진다는 의미이다.

우리가 열매를 맺지 않는다면 포도나무에서 끊어질 위험이 있다. 이것은 우리가 영원한 멸망을 받게 된다는 의미가 아니라, 우리의 몫이신 그리스도에 대한 누림을 잃게 된다는 의미이다. 이것은 우리가 열매를 맺지 않는다면 그리스도에 대한 누림에 문제가 있다는 것을 증명한다. 이것은 자녀를 낳을 수 없는 한 쌍의 부부와 같다. 그들은 자신들에게 잘못이 있다고 느끼지 않는다고 말할지도 모른다. 그러나 사실은 잘못된 무언가가 그들이 자녀를 갖지 못하도록 방해하고 있다. 그들은 심지어 의사들에게 가서 무엇이 잘못되었는지를 찾으려고 할지도 모른다. 이것은 우리의 열매 없는 문제에 대한 예시이다. 우리는 자신에게 잘못된 것이 전혀 없다고 느낄지도 모른다. 그러나 열매를 맺지 않았다는 사실에 근거하여, 그리스도에 대한 우리의 누림에 무언가 잘못된 것이 있음을 반드시 깨달아야 한다. 우리에게 열매가 없다면, 그리스도를 누리고 있다는 것이 소위 자기기만일 수 있다. 이것은 그리 참되지 않다.

우리는 아주 오랫동안 열매를 맺지 못한 수많은 성도를 보았다. 그러나 우리는 그들이 주님에 대한 누림에서 끊어진 것을 보지 못했다고 생각할지도 모른다. 이것에 대한 나의 대답은 생명의 문제가 비밀이라는 것이다. 자녀를 낳을 수 없는 한 쌍의 부부가 있는데, 아무도 그 이유를 모를 수 있다. 이와 마찬가지로, 우리는 아주 잘 지내는 것처럼 보이지만 열매는 어디에 있는가? 이것은 시험이다. 우리가 열매를 맺지 못한다는 것은 그리스도에 대한 누림을 잃었다는 증거이다. 이번 장에서 나는 우리 모두가 세 가지 원수, 죽어 있음과 미지근함과 열매 없음에 매일 밤낮으로 둘러싸여 있음을 분명하게 알기를 원한다.

이전 장에서 나는 복음에 함께 수고할 수 있는 몇 명의 동반자, 최소한 두세 명의 동반자를 얻을 필요가 있다고 교통했다. 결코 혼자 일해서는 안 된다. 그 대신 동반자들과 교통함으로 일해야 한다. 문제는 우리가 다른 사람들과 교통하기를 좋아하지 않는다는 것이다. 우리는 자만하고 있다. 또한 우리 가운데 어떤 이들은 자신이 전능하고 무엇이나 할 수 있다고 생각할지도 모른다. 그러나 나의 육십여 년의 체험에 따르면 우리 중 누구도 전능하지 않다. 우리 각 사람은 역량과 능력이 매우 제한적이다. 여러분은 도움이 필요하고 나 역시 도움이 필요하다. 주님의 일에서 나를 돕는 이들은 나에게 그들이 얼마나 필요한지를 안다. 나는 의도적으로 그들과 교통하고 그들에게 질문함으로써 배운다. 나는 그들에게 가르침받기를 원한다. 우리가 일할 때 우리 가운데 교통이 없다면 참된 한마음 한뜻이 있을 수 없다. 우리는 철저한 교통을 통하여 하나 되어 수고해야 한다. 철저히 교통하려고 하지 않기 때문에 죽어 있고 미지근하며 열매가 없는 것이다. 우리는 반드시 몇몇 동반자를 얻어서 자신을 활짝 열고 철저히 교통해야 한다.

사데의 죽어 있음

몸의 생활 안에서 정복됨

첫 번째 원수는 사데의 죽어 있음이다(계 3:1–2). 이 원수는 몸의 생활 안에서 정복된다(롬 12:3–10). 몸 안에서 생활하지 않는다면 우리는 끝난 것이다. 우리는 죽어 있음을 정복할 수 없다. 오늘날의 그리스도인들이 죽어 있는 것은 몸 안에서 생활하지 않기 때문이다.

다음과 같이 함으로

우리의 몸을 살아 있는 희생 제물로 하나님께 드림

로마서 12장 1절은 우리의 몸을 살아 있는 희생 제물로 하나님께 드려야 한다고 말한다. 우리의 몸은 인격 전체를 포함한다. 우리의 영과 혼은 몸 안에 있다. 따라서 우리의 몸이 주님께 드려지면 우리의 전 존재가 그분께 드려진다. 우리는 이미 자신을 주님께 제물로 드렸다고 말할지도 모른다. 그러나 매일, 심지어 하루에도 여러 번 우리의 헌신을 반복할 필요가 있다. 이것은 먹는 것에 비유될 수 있다. 우리는 어제 먹었기 때문에 오늘 먹을 필요가 없다고 말할 수 없다. 건강을 유지하려면 날마다 세 번 식사해야 한다. 헌신 역시 단 한 번으로 되는 문제가 아니다. 그것은 끊임없이 지속되어야 한다. 우리는 날마다 매 순간 모든 일에서 헌신의 근거 위에 서 있어야 한다.

이 시대를 본받지 말고
생각이 새로워짐으로 변화됨

우리는 또한 이 시대를 본받지 말고 생각이 새로워짐으로 변화되어야 한다(롬 12:2). 우리의 몸을 주님께 제물로 드리는 것은 우리 자신을 처리하는 것이다. 생각이 새로워짐으로 변화된다는 것은 이 시대, 즉 우리 앞에 있는 실지 세상을 처리하는 것이다. 우리는 자신을 처리하고, 오늘날의 시대인 실지 세상과의 관계와 세상에 대한 관념을 처리할 필요가 있다. 우리가 죽어 있는 이유는 주님께 자신을 드리지 않고 은밀하게 이 시대를 따르기 때문이다. 자신의 몸을 드리는 것은 어떠한 것도 보류하지 않고 주님께 자신을 드리는 것이다. 어떤 부분도 자신을 위해 간직해서는 안 된다. 우리는 절대적으로 주님께 자신을 드려야 한다. 또한 은밀하게 이 시대를 따라서는 안 된다.

우리 앞에 있는 시대는 매우 간교하다. 나는 성도들 중 일부가 무의식적으로 이 시대에 속아서 그것을 따르는 것을 보아 왔다. 부분적이라도 이 시대를 따른다면 죽어 있음을 정복할 수 없다. 이 시대는 감추어져 있지 않지만, 우리가 그것을 따르는 것은 감추어져 있을지도 모른다. 우리는 주님을 지극히 사랑한다고 여전히 가장할지도 모른다. 그러나 사실상 우리 안에는 시대를 따르는, 즉 세상을 사랑하는 겉으로 드러나지 않는 흐름이 있다. 우리가 은밀히 이 시대를 본받고 있다면 어떻게 주님 안에서 살 수 있겠는가? 오늘날 미국에는 매우 부정적인 두 가지가 있는데, 바로 죄와 이 시대이다. 이 두 가지가 이 나라에 있는 그리스도인들을 죽이고 있다. 우리의 생각은 이 시대를 본받지 않도록 새로워져야 한다.

라오디게아의 미지근함

그리스도의 풍성을
추구하는 것에 의해 정복됨

우리는 또한 라오디게아의 미지근함(계 3:14-16)을 정복해야 한다. 우리는 그리스도의 풍성을 추구함으로 미지근함을 정복할 수 있다(계 3:17-18, 20). 우리는 어느 정도 그리스도를 누리고 있겠지만, 더 깊고 더 높고 더 넓고 더 풍성하게 그분을 누려야 한다. 우리는 주님을 새롭게 체험하기를 원한다고 그분께 말씀드려야 한다. 우리 중 어떤 이들은 십 년 전에 그리스도를 누린 것과 똑같은 방식으로 그분을 누리고 있을지도 모른다. 이것은 그들이 미지근해졌으며 자만하고 있다는 것을 의미한다.

다음과 같이 함으로

열심을 내어 게으르지 않음

로마서 12장 11절 상반절은 우리가 열심을 내어 게으르지 않아야 한다고 말한다.

영 안에서 불타서 주님을 섬김

로마서 12장 11절 하반절은 우리가 영 안에서 불타서 주님을 섬겨야 한다고 말한다. 우리는 끊임없이 그리스도의 풍성을 추구해야 한다. 우리는 게으르지 않아야 하고 우리의 영 안에서 불타야 한다. 그럴 때 미지근함이 우리 영의 불탐에 의해 삼켜질 것이다.

퇴보하는 믿는 이들의 열매 없음

마지막으로 우리는 퇴보하는 믿는 이들의 열매 없음을 이겨야 한다. 오늘날 많은 믿는 이가 낡아지고 퇴보했다.

필사적일 때 정복됨

이러한 열매 없음은 오직 우리가 필사적일 때 정복될 수 있다. 진정으로 필사적인 것은 무언가가 생사의 문제라는 태도를 갖는 것이다.

다음과 같이 함으로

이 시대에서 그리스도의 공급에 대한 누림에서 끊어지는 것을 두려워함

우리는 이 시대에서 그리스도의 공급에 대한 누림에서 끊어지는 것을 두려워해야 한다(요 15:2상). 자신에게 열매가 없다면, 자신이 끊임없이 그리스도를 누린다고 믿어서는 안 된다. 우리는 그리스도를 누린다고 느낄 수도 있지만 사실은 그렇지 않다. 그리스도에 대한 우리의 누림은 낡아 버렸다. 우리는 아무런 진보도 없이 여러 해 전과 똑같은 방식으로 그분을 누리고 있다. 주님은 아버지께서 열매 맺지 않는 가지를 잘라 내실 것이라고 말씀하셨다. 우리는 이것을 매우 두려워해야 한다.

오는 시대의 징계를 주의함

마태복음 25장 24절부터 30절까지는 게으르고 악한 종이 바깥 어둠 속으로 내던져져, 오는 시대에 주님께 징계받을 것임을 분명하게 말해 준다. 우리는 이 부분의 말씀을 알지만 실지로는 오는 시대의 징계를 그리 주의하지 않을지도 모른다. 요한복음 3장 16절은 주님의 말씀이다. 마태복음 25장 24절부터 30절까지도 주님의 말씀이다. 요한복음 3장 16절이 믿을 수 있는 말씀이라면, 마태복음 25장 24절부터 30절까지도 분명 믿어야 하는 말씀이다. 우리는 열매를 맺어야 한다. 그러지 않으면 그리스도에 대한 누림에서 끊어질 위험이 있다. 또한 마태복음 25장은 우리가 주님께서 주신 달란트로 이익을 남기지 않는다면 오는 시대에서 징계를 받는다고 말한다. 이것은 매우 심각한 문제이다.

우리 모두는 죽어 있음과 미지근함과 열매 없음을 미워해야 한다. 우리는 이것을 생사의 문제로 여기고 활력화되기를 필사적으로 추구해야 한다. 우리가 활력 그룹의 실행을 가볍게 생각한다면 그 실행은 효과가 없을 것이다. 우리는 열매 없는 문제에 대해 동반자들과 교통해야 한다. 그럴 때 주님은 우리가 일주일에 한 번 금식하겠다는 결심을 하도록 인도하실지도 모른다. 워치만 니 형제님은 학생이었을 때, 매주 토요일마다 다음 날의 복음 전파를 위해 금식하고 기도하기로 결심했다. 우리 역시 열매 맺음을 위해 주님께서 우리를 금식하고 기도하도록 인도하신다는 느낌을 받을 수 있다.

우리는 필사적으로 활력 그룹을 실행해야 한다. 우리는 주님께서 열매를 주셔서 우리의 열매 없는 상태를 없애 주시도록 필사적으로 기도해야 한다. 이것은 우리에게 생사의 문제가 되어야 한다. 우리가 필사적이라면 물고기들이 올 것이라고 나는 믿는다. 주님께서 물고기들을 보내실 것이다. 그러나 우리가 무관심하다면 어떤 물고기도 오지 않을 것이다. 가장 어려운 것은 우리가 필사적이 되는 것이다. 오늘날 우리에게 가장 중요한 것은 사데의 죽어 있음과 라오디게아의 미지근함과 요한복음 15장에서 주님께서 다루신 열매 없음을 정복하기 위해 필사적이 되는 것이다.

3

우리의 활력 그룹을 시작하는 법

How to Start Your Vital Group

제3장

우리의 활력 그룹을 시작하는 법

성경: 고전 9:16-27, 롬 1:14-15

개요

Ⅰ. 주님의 축복을 구하는 필사적인 기도를 통해 우리의 동반자와 교통함으로.

Ⅱ. 하나님께서 정하신 길의 첫 번째 단계, 곧 죄인들을 구원받게 하여 그리스도의 몸의 지체들이 되게 하는 것에서 시작함.

Ⅲ. 우리의 모든 지인들, 곧 친척과 이웃과 친구와 학우와 동료를 다시 검토하여 명단을 작성함.

Ⅳ. 명단을 두고 기도하면서 우리가 첫 번째로 누구를 돌보아야 할지에 대해 주님의 인도를 구함.

Ⅴ. 또한 주님께서 우리의 지인이 아닌 사람들을 방문하도록 인도하시는 것에 계속하여 자신을 열어 드림.

Ⅵ. 복음 대상자들을 방문하고 접촉하고 얻는 길.

A. 지속적으로 약속을 잡고 그들을 방문함.

B. 그들을 우리의 집에 정기적으로 초대하여 저녁 식사를 함.

C. 그들에게 그들의 구원에 관해 정기적으로 편지를 씀.

D. 항상 그들에게 복음지와 영적 소책자를 보냄.

E. 우리의 일생 동안 특정한 사람들의 영적 번영에 대해 기도함.

F. 어떤 길을 취하든지 빠른 수확을 기대하지 말고 인내와 오래 참음으로 끈기 있게 해야 함.

G. 성경 말씀과 복음지를 사용하는 법을 배움.

이 일련의 메시지에서 나는 교리적으로 말할 부담이 없다. 나는 하나님께서 정하신 길과 활력 그룹에 대해 많은 메시지를 전했다. 따라서 이제는 활력 그룹의 실지적인 실행 안으로 이끌리도록 도와줄 무언가를 말할 부담이 있다. 우리에게는 '하나님께서 정하신 길'과 '활력 그룹'이라는 용어가 있지만, 정말로 우리는 하나님께서 정하신 길 안에서 행하고 있는가? 정말로 우리는 활력적인가? 우리는 단순히 용어만이 아니라, 하나님께서 정하신 길 안에서 활력적인 사람들이 되는 실지적인 체험을 원한다.

최근에 나는 우리에게 기도가 부족하다고 느낀다. 우리는 함께 모일 때 기도를 많이 해야 한다는 부담을 가져야 한다. 우리에게 기도의 영과 기도할 부담이 있다면 아무것도 우리를 막을 수 없을 것이다. 우리는 이렇게 기도해야 한다. "주님, 우리는 이 세 가지 원수를 미워합니다. 죽어 있음과 미지근함과 열매 없음을 미워합니다." 우리는 회복 안에 있지만 죽어 있고 미지근하고 열매가 없을 수 있다. 나는 우리가 이렇게 기도하는 것을 듣고 싶다. "주님, 열매 맺고자 하는 부담을 저에게 주십시오. 당신을 위해 말하도록 구변과 담대함을 주십시오." 이러한 필사적인 기도가 우리에게 필요하다.

주님의 축복을 구하는 필사적인 기도를 통해 우리의 동반자와 교통함으로

이 장에서는 우리의 활력 그룹을 시작하는 법에 대해 교통하고자 한다. 먼저 우리는 주님의 축복을 구하는 필사적인 기도를 통해 우리의 동반자와 교통해야 한다. 이전에 우리는 몇 명의 동반자를 얻도록 주님을 앙망해야 한다고 교통했다. 동반자가 없다면 내일부터 필사적으로 기도하여 한 사람을 얻으라. 동반자가 한 명도 없으면 활력 그룹을 시작할 길이 없다. 한 사람을 얻은 후에 필사적인 기도를 통해 그 동반자와 교통해야 한다. 서로 이야기만 해서는 안 된다. 이야기는 아무 의미가 없다. 그것은 헛된 것이다. 함께 모일 때 우리의 이야기를 기도로 전환하는 것이 더 좋다. 이야기하려면 주님께 이야기하라.

더 나아가 우리는 틀에 박힌 방식으로 기도해서는 안 된다. 필사적으로 이렇게 기도해야 한다. "주님, 제게는 열매가 전혀 없습니다. 저는 이것에 대해 기쁘지 않습니다. 주님, 여기서 벗어날 수 있도록 저를 도와주십시오." 이것이 진정한 기도이다. 나는 틀에 박힌 기도를 하고 싶지 않다. 나는 기도할 때 나의 부담에서 나온 어떤 것을 기도한다. 틀에 박힌 기도를 한다면 우리의 영을 사용하거나 눈물을 흘릴 필요가 없다. 그러나 우리의 영에서부터 필사적으로 기도하여 기도의 부담을 쏟아 놓는다면 눈물을 흘리게 될 것이다. 우리는 이와 같은 진실하고 활력적인 기도를 해야 한다.

주님께서 우리에게 긍휼을 베푸시고 우리가 그분의 긍휼을 받는다면 활력 그룹은 잘 진행될 것이고 여섯 달에서 아홉 달 후에는 그룹을 나누어 새로운 출발을 해야 할 것이다. 이런 일이 거듭해서 일어나야 한다. 우리는 각 단계에서 어떤 일을 할 때마다 주님께서 만족하시고 우리 역시 만족한다는 온전한 확신을 가져야 한다. 이런 방식으로 모든 일을 해야 한다.

우리는 주님의 축복을 받도록 필사적으로 기도할 필요가 있다. 우리는 이렇게 기도해야 한다. "주님, 우리는 아무것도 아닙니다. 따라서 우리에게는 아무것도 없습니다. 그러나 당신은 모든 것을 포함하신 주님이시고, 측량할 수 없이 풍성하신 분이십니다. 우리는 당신의 축복이 필요합니다. 당신의 축복이 없다면 우리는 죽어 있게 됩니다. 당신의 축복이 없다면 우리는 냉담하며 심지어 미지근하지도 않습니다. 당신의 축복이 없다면 우리는 열매 없는 이들일 뿐입니다. 우리는 당신의 축복이 필요합니다." 우리는 필사적으로 이렇게 기도해야 한다. "주님, 우리에게 열매가 필요합니다. 우리에게 열매를 허락해 주십시오. 우리는 여러 해 동안 열매가 없었습니다." 이렇게 필사적으로 기도할 때 철저히 회개하게 된다.

사랑하는 성도들이여, 그리스도인이 된다는 것에는 분명 중요한 의미가 있다. 우리가 그리스도인이 되는 것은 지옥에서 구출되어 하늘나라로 가기 위한 것만이 아니다. 그것은 매우 낮은 것이다. 성경은 대단히 중요한 것, 그것보다 훨씬 더 높은 것을 보여 준다. 성경은 하나님께서 영원한 경륜, 곧 그분의 영원한 계획을 갖고 계신다는 것을 보여 준다. 우리는 주님과 하나 되어 그분의 경륜을 수행하기 위해 여기에서 그분을 진지하게 대하고 있다. 이것이 우리가 주님의 축복을 구하는 필사적인 기도를 통해 동반자와 교통할 필요가 있는 이유이다.

하나님께서 정하신 길의 첫 번째 단계,
곧 죄인들을 구원받게 하여
그리스도의 몸의 지체들이 되게 하는 것에서 시작함

우리는 낳고 먹이고 가르치고 건축하는 단계들에 대해 들었다. 활력 그룹을 시작하려면 하나님께서 정하신 길의 첫 번째 단계, 곧 죄인들을 구원받게 하여 그리스도의 몸의 지체들이 되게 하는 것에서 시작할 필요가 있다. 우리가 나가는 목적은 죄인들을 구원받게 하여 그리스도의 몸의 살아 있고 기능을 발휘하는 지체들이 되게 하는 것이다. 그리스도의 몸은 실지적이고 현재 존재하며 오늘을 위해 있다. 하나님의 영원한 경륜은 그리스도를 위해 한 몸을 얻는 것이지만 이를 주의하는 사람은 이 땅에 거의 없다.

주님은 우리에게, 가서 모든 민족을 제자로 삼으라고 명령하셨다(마

28:19). 우리는 민족들이 너무 악하고 오늘날 세상의 흐름과 조류가 너무 강하다는 말로 자신을 변명해서는 안 된다. 우리가 주님께 회계 보고를 하기 위해 그분 앞에 나아갈 때 그분은 어떤 변명도 듣지 않으실 것이다. 그러한 부정적인 상황 때문에 주님은 오늘날 우리가 필요하시다. 주님은 우리가 나가서 죄인들을 구원받게 하여 그리스도의 몸의 지체들이 되게 하는 것이 필요하시다. 우리는 매년 새로운 이들을 남아 있는 열매로 맺는 데 필사적이어야 한다. 열매를 맺지 않은 채 해마다 교회생활 안에 있는 것은 완전히 비정상적이다.

우리의 모든 지인들,
곧 친척과 이웃과 친구와 학우와 동료를
다시 검토하여 명단을 작성함

우리는 또한 모든 지인들을 다시 검토하여 명단을 작성할 필요가 있다. 우리의 지인들에는 친척과 이웃과 친구와 학우와 동료 등이 포함된다.

명단을 두고 기도하면서
우리가 첫 번째로 누구를 돌보아야 할지에 대해
주님의 인도를 구함

그런 다음 우리는 명단을 두고 기도하면서 첫 번째로 누구를 돌보아야 할지에 대해 주님의 인도를 구할 필요가 있다. 이렇게 기도한다면 주님은 우리를 인도하실 것이고, 그때 우리는 특정한 사람들을 접촉할 부담을 갖게 될 것이다. 우리는 하나님께서 정하신 길의 각 단계를 기도로 취할 필요가 있다. 충분한 기도 없이는 어떤 것도 해서는 안 된다.

또한 주님께서 우리의 지인이 아닌 사람들을 방문하도록 인도하시는 것에 계속하여 자신을 열어 드림

우리는 지인들에게 제한되어 있어서는 안 된다. 주님은 가서 민족들, 즉 모든 사람을 제자로 삼으라고 말씀하셨다, 그러므로 우리는 주님께서 우리의 지인이 아닌 새로운 사람들을 방문하도록 새롭게 인도하시는 것에 계속 자신을 열어 드려야 한다.

복음 대상자들을 방문하고 접촉하고 얻는 길

실지로 복음 대상자들을 방문하고 접촉하고 얻는 많은 길이 있다. 나는 여기서 그중 몇 가지를 언급하고 싶다.

지속적으로 약속을 잡고 그들을 방문함

우리는 차가운 문을 두드리러 나갈 필요가 없다. 우리는 사람들과 약속을 잡고 그들을 방문할 수 있다. 자주 방문할 뿐 아니라 매일 지속적으로 방문해야 한다.

그들을 우리의 집에 정기적으로 초대하여 저녁 식사를 함

우리는 또한 사람들을 초대하여 함께 저녁 식사를 하는 실행과 습관을 가질 필요가 있다. 우리는 정기적으로 이것을 실행해야 한다. 우리 가운데서 유진 그룰러(Eugene Gruhler) 형제는 항상 이렇게 사람들을 돌보는 본이었다. 거의 매 주일마다 그 형제의 가정은 오전 집회 후에 사람들에게 점심 식사를 대접할 준비가 되어 있었다. 그 형제는 집회에 참석한 사람들을 둘러보고서, 집회 후에 몇몇 사람을 자기 집으로 초대하여 함께 식사하곤 했다.

최근에 나는 사람들을 접촉하는 이 한 가지를 배워야 한다고 장로들과 교통했다. 사람들을 접촉하는 가장 좋은 방법은 그들을 우리의 집에 초대하여 저녁 식사를 하는 것이다. 이것이 사람들을 얻는 가장 효과적인 방법이다. 이렇게 할 때 사람들 안에 어떤 깊은 인상이 새겨질 수 있다. 우리의 집에서 그들을 한 번 접촉한 것으로 말미암아, 그들은 여러 해가 지난 후에도 여전히 도움을 받을 수 있고 심지어 구원을 받을 수도 있다.

나는 우리 모두가 무엇을 위해 여기에 있는지를 깊이 생각해 보기 바란다. 세상은 우리에게 아무런 의미가 없다. 우리는 순진히 주님과 주님의 갈망을 위해 여기에 있다. 주님의 갈망은 사람들을 구원하고 제자로 삼아 우리가 지금 건축하고 있는 그리스도의 몸의 지체들이 되게 하는 것이다. 현재 상황에 따르면, 우리에게는 그분의 몸의 건축을 위한 새로운 재료들이 없다. 우리는 해마다 많은 사람에게 침례를 주지 못한 채 교회생활을 보내고 있을지도 모른다. 우리가 침례를 준 새로운 사람들이 얼마 후에 우리 가운데서 사라질지도 모른다. 그들은 적절하고 충분한 돌봄이 부족했기 때문에 살아남지 못했다. 어머니가 아이를 낳고 나서 돌보지 않는다면 아이는 살아남지 못할 것이다. 우리는 사도 바울의 본을 따라야 하는데, 그는 '젖을 먹이는 어머니가 자기 자녀들을 보살피는 것같이'(살전 2:7) 새로운 믿는 이들을 돌본다고 말했다.

그들에게 그들의 구원에 관해 정기적으로 편지를 씀

우리는 또한 복음 대상자들에게 그들의 구원에 관해 편지를 쓸 필요가 있다. 우리는 특정한 사람에게 두 주에 한 번 편지를 쓸 수 있다. 그러면 일 년 만에 한 사람에게 스물여섯 번 편지를 쓸 수 있다.

항상 그들에게 복음지와 영적 소책자를 보냄

우리는 사람들에게 편지를 쓸 때 복음지와 영적 소책자도 함께 보내야 한다.

특정한 사람들의 영적 번영에 관해 일생 동안 기도함

우리는 너무 많은 사람을 위해 기도해서는 안 된다. 그 대신 특정한 사람들의 영적 번영에 관해 일생 동안 기도해야 한다. 조지 뮐러(George Mueller)는 사람들의 명단을 두고 그들을 위해 규칙적으로 기도했다. 결국 한 사람을 제외한 그들 모두가 그가 죽기 전에 구원받았다. 그가 죽고 나서 그 한 사람도 주님에 의해 구원받았다.

역사와 성경에 따르면, 누군가가 기도해 주지 않는다면 아무도 구원받을 수 없다. 여러분과 내가 구원받은 것은 누군가가 우리를 위해 기도했기 때문이다. 의심할 바 없이 하나님은 수많은 사람을 선택하셨다. 그러나 신성한 선택과 협력하는 사람의 기도가 필요하다. 우리가 기도하지 않는다면 하나님은 선택받은 특정한 사람을 방문하실 길이 없다. 하나님의 선택에 상응하는 기도가 있어야 한다. 우리가 가끔씩만 기도한다면 효과가 없을 것이다. 우리는 어떤 사람들을 위해 기도할 부담을 받고 일생 동안 기도를 계속해야 한다.

기도하는 모든 사람은 기도하는 것이 높은 산을 오르는 것과 같다는 것을 안다. 원수 사탄은 우리의 기도를 방해하기 위해 많은 것을 보낼 것이다. 사탄은 누군가가 기도하는 것을 원하지 않는다. 이러한 전쟁 때문에 우리는 아주 끈기 있게 기도해야 한다(골 4:2). 기도는 일종의 싸움이다. 우리가 집에서 기도하기 시작할 때마다, 전화벨이 울리거나 누군가가 문을 두드릴지도 모른다. 기도 시간 중에는 전화나 문을 두드리는 소리에 반응하지 않는 것이 가장 좋다. 우리는 셋째 하늘에 계신 우리 주님께 점유되어 있기 때문에 우리 자신이 출타 중이라고 여겨야 한다. 우리가 기도하지 않는다면 아무도 전화를 하거나 문을 두드리지 않을 것이다. 그러나 우리가 기도하기 시작하자마자 누군가가 전화를 하거나 우리를 찾아온다. 이것이 우연한 일인가? 사실 전화벨이나 문을 두드리는 것은 우리의 기도를 방해하고 중단시키기 위해 마귀가 선동하고 시작한 일이다.

어떤 길을 취하든지 빠른 수확을 기대하지 말고 인내와 오래 참음으로 끈기 있게 해야 함

어떤 길을 취하든지 우리는 빠른 수확을 기대하지 말고 인내와 오래 참음으로 끈기 있게 해야 한다. 모든 농부는 빨리 수확할 수 없다는 것을 안다. 빠른 수확은 빈약한 수확을 의미한다. 농부는 추수의 시기가 올 때까지 인내하며 자신의 농작물을 돌보아야 한다. 일정 기간이 지나면 우리는 몇몇 새로운 사람을 남아 있는 열매로 얻을 것이다. 이것이 우리가 복음을 위해 꾸준히 수고한 것에 대한 보상일 것이다.

성경 말씀과 복음지를 사용하는 법을 배움

우리는 또한 성경 말씀과 복음지를 사용하는 법을 배울 필요가 있다. 우리는 최근에 "우리의 믿음", "우리의 복음", "우리의 위임", "우리의 집회"라는 제목의 복음지를 출간했다. 우리는 복음을 위해 사용되는 이 복음지들을 더 많이 출간하기 위해 최선을 다할 것이다. 우리가 사람들을 접촉하러 나갈 때, 그들은 우리가 누구이고 무엇을 믿는지에 대해 궁금해할지도 모른다. 우리는 "우리의 믿음"이라는 제목의 복음지를 그들에게 선물할 수 있다. 이 복음지는 성경, 하나님, 그리스도, 그 영, 하나님의 구속과 구원에 대한 우리의 믿음에 관한 것이다. 우리는 그들과 함께 한 단락을 읽을 수 있다. 그 단락은 성경에 대한 우리의 믿음에 관한 것일 수도 있다. 이 단락을 읽은 후에 그들은 우리가 하나님의 말씀을 믿는 그리스도인들임을 분명히 알게 될 것이다. 이러한 도움으로 우리가 새로운 사람들을 접촉할 수 있는 상황이 열릴 것이다. 우리는 복음 대상자들을 얻기 위해 장비될 수 있도록, 이 복음지들에 있는 주된 요점들과 적절한 성경 말씀을 연구해야 한다.

4

오늘날 우리의 활력 그룹의 상태는 어떠한가?

What Is the Condition of Your Vital Group Today?

제4장

오늘날 우리의 활력 그룹의 상태는 어떠한가?

성경: 마 25:4, 딤후 1:6

개요

Ⅰ. 우리의 활력 그룹을 시작했는가?

Ⅱ. 우리의 새사람을 다시 불붙였는가?

Ⅲ. 우리의 등을 다시 채웠는가? — 마 25:4.

Ⅳ. 우리의 불꽃을 부채질했는가? — 딤후 1:6.

Ⅴ. 동반자와 친밀하고 철저하게 교통하기 시작했는가? 몇 차례 교통했는가?

Ⅵ. 회개하는 기도를 지속적으로 하고 있는가?

Ⅶ. 동반자와 함께 가능성 있는 모든 복음 대상자의 명단을 만들었는가?

Ⅷ. 복음 대상자들을 위해 기도하면서, 누구를 접촉해야 할지에 대해 주님의 인도를 받았는가?

여러 해 동안 우리는 하나님께서 정하신 길에 관해 말했다. 이제 우리는 그 실행 안으로 들어갈 부담이 있다. 이 장에서는 여덟 가지 질문에 답변함으로 오늘날 우리의 활력 그룹의 상태를 숙고해 보려고 한다.

우리의 활력 그룹을 시작했는가?

우리가 대답할 필요가 있는 첫 번째 질문은 '우리의 활력 그룹을 시작했는가?'이다. 나는 우리가 활력 그룹을 시작하기 위해 무언가를 했으리라고 믿는다.

우리는 하나님께서 정하신 길의 항목들을 실행하고 오랫동안 일관적으로 수행할 수 있어야 한다. 어떤 것이든 장기적으로 실행하기 원한다면 극단적인 방식으로 해서는 안 된다. 우리는 매일 아침 주님과 함께 시간을 보내고 싶기 때문에 항상 일정한 시간에 일어나려고 할 것이다. 그러나 너무 일찍 일어나면 결국 그것을 지킬 수 없게 된다. 나는 사람들이 지나치게 흥분하여 무언가를 하는 것을 보고 싶지 않다. 나는 오랫동안 노예로서 주님을 섬기고 성도들을 돌보면서, 흥분이 쓸모없는 것임을 발견했다. 누구든지 지나치게 흥분하는 사람은 빨리 죽는다. 우리가 아침마다 십오 분 동안 기도할 수 있다면 그 정도만 해야 한다. 더 일찍 일어나려고 하거나 그 이상을 하려고 노력한다면 오래 지속되지 않을 것이다.

우리는 개인적으로 주님께 나아가 회개하는 기도를 하여 주님에 대한 첫째가는 사랑이 분발될 필요가 있음을 지적했다. 우리는 주님께 철저히 자백할 필요가 있다. 우리는 주님과 함께하는 시간에 눈물을 흘리면서 "주님, 회개합니다. 저는 너무나 죄악되고 더럽습니다."라고 말씀드릴 수 있다. 나는 칠십 년 가까이 이것을 실행했다. 우리 모두는 기도할 때 주님을 가르치지 않는 공과를 배워야 한다. 대부분의 경우 우리는 주님께서 우리를 위해 무언가를 해 주시기를 구해서는 안 된다. 그 대신에 우리 존재의 깊은 데서부터 "주님, 저는 죄로 가득합니다! 주님, 저는 당신이 필요합니다."라고 필사적으로 부르짖어야 한다. 심지어 성경은 어떤 사람들이 주님께 자백할 때 자신의 가슴을 쳤다고 말한다(눅 18:13).

우리가 주님께 아주 진실하고 정직하고 신실하다면 누군가가 우리의 회개에 대해 묻자마자 눈가에 눈물이 맺힐지도 모른다. 우리가 얼마나 죄악되었는지에 대한 느낌이 여전히 있을 것이다. 구원받은 죄인은 누구나 회개해야 한다. 사람마다 회개하는 정도가 다르다. 어떤 이는 얕게 피상적으로 회개한다. 어떤 이는 더 깊게 회개한다. 어떤 이는 자기 존재의 깊은 데서부터 필사적이고 철저한 방식으로 최대한으로 회개한다. 그는 주님께 회개하고 자백할 때 가슴을 치거나 바닥에 구르기까지 할 것이다.

복음을 전파할 때 우리는 사람들을 가책받게 하고 굴복시킬 필요가 있다. 구원받는 사람들은 자신이 죄로 가득하고 주님의 용서가 필요하다는 느낌과 깨달음이 있어야 한다. 믿지 않는 어떤 사람이 "오, 주님, 저는 죄가 가득합니다."라고 진심으로 기도한다면, 이것은 그가 주님에 의해 만져지고 있음을 의미한다. 활력화되는 길은 회개하는 기도를 통해 주님에 대한 첫째가는 사랑이 분발되는 것이다.

나는 성도들이 활력화되도록 도울 부담이 있다. 이제 우리는 활력 그룹의 참된 실행 안으로 이끌려야 한다. 활력화되려면 올림픽 경기에 출전한 운동선수들과 같아야 한다. 필사적인 것이 무엇인지를 알기 원한다면 그 운동선수들을 깊이 생각해 보아야 한다. 그들의 헌신과 노력은 필사적인 것에 대한 좋은 표현이다. 그리스도인의 생활은 순교의 생활이다. 바울은 자신이 순교할 것을 알고 있었다(딤후 4:6). 주 예수님은 누구든지 그분을 따라오려거든 반드시 자기를 부인하고 자기 십자가를 짐으로써 자기 혼생명을 잃어버려야 한다고 말씀하셨다(마 16:24-25). 이것은 오늘날의 기독교 안에서 전파되는 '사탕발림하는' 복음과 많이 다르다. 그리스도인의 체험을 통해, 나는 그리스도인을 위한 유일하고 참된 누림이 물질적인 것이 아니라고 말할 수 있다. 그 누림은 절대적으로 영적인 것이다. 물질적인 관점에서 말한다면 그리스도인 생활의 각 단계, 각 방면은 모두 희생이다.

주님께서 나를 이 나라에 보내셨을 때, 나는 더 깊은 진리에 관한 많은 메시지를 전하면서 사람들에게 그리스도를 누리는 법에 대해 말했다. 처음에 그들은 기뻐했다. 그러나 결국 그들은 누림을 점점 잃어버렸는데, 주된 이유는 높은 대가를 지불하려 하지 않았기 때문이다. 주님은 라오디게아 사람들에게 그들이 미지근하므로 그분의 입에서 그들을 토하여 내실 것이라고 말씀하셨다. 그런 다음 주님은 그들에게 대가를 지불하여 금과 흰옷과 안약을 사야 한다고 말씀하셨다(계 3:15-18). 사려면 대가를 지불해야 한다. 오늘날의 기독교 어디에서, 사야 한다고 말하는 메시지를 들을 수 있는가? 사랑하는 성도들이여, 활력화되려면 반드시 대가를 지불해야 한다.

만일 여러분이 활력 그룹을 시작했는지를 분석해 본다면 아직 시작하지도 않았음을 확신할 것이라고 나는 믿는다. 우리는 진정으로 회개한 적이 없을지도 모른다. 진정한 회개는 자신이 죄와 잘못과 허물과 실수와 악행과 범죄의 조성체에 불과하다는 것을 깨달을 정도로 끊임없는 유죄 판결 아래 있다는 의미이다. 철저히 자백할 때 우리는 자신이 육체와 옛사람과 타고난 사람과 세상과 사탄의 조성체임을 깨달을 것이다. 자백하면 할수록, 더 많이 자백해야 함을 발견할 것이다. 결코 더러움이 제거될 수 없는 것처럼 보일 것이다. 철저한 자백을 하는 데 두 주가 걸릴 수도 있다.

우리가 이처럼 눈물로 회개하고 자백하지 않는다면 어떻게 우리의 동반자가 활력화되도록 이끌릴 수 있겠는가? 우리는 활력 그룹을 진실하게 시작해야 한다. 사랑하는 성도들이여, 하나님 앞에서 철저히 자백해 본 적이 있는가? 오 분 동안 주님께 나아가 "주님, 저는 죄가 가득합니다. 회개합니다."라고 말씀드리는 것은 일종의 회개이겠지만 철저한 회개는 아니다.

시편 51편은 다윗이 죄에 빠진 것을 회개하고 자백한 시편이다. 그는 자신이 한 일에 대해 신언자 나단에게 책망받았을 때 자백을 했다. 그 시편을 읽어 본다면, 사실상 그의 회개와 자백이 끝이 없다는 것을 알 수 있다. 우리는 시편 51편에서 다윗의 회개와 자백이 끝마쳐지고 완료되었다고 믿어서는 안 된다. 나의 체험에 따르면 참된 자백, 참된 회개는 끝이 없다. 우리는 죄 덩어리이다. 우리의 조성이 곧 죄이다. 그런데 어떻게 자백을 끝마칠 수 있겠는가?

우리는 죄들을 자백한 직후에 어떤 사람을 비열하게 대할 수도 있다. 어떻게 우리가 거룩할 수 있는가? 어떻게 우리가 의로울 수 있는가? 그러나 우리의 회개와 자백은 철저할수록 좋으며 그렇게 할 때 긍휼과 은혜를 받는다. 우리는 자백을 끝마칠 수 있다고 생각해서는 안 된다. 부정적인 것을 처리하는 면에서 그리스도인의 생활 전체는 자백의 생활이다. 우리는 날마다 순간순간 자백해야 한다. 기도하기 위해 입을 열 때마다, 자백하기 전에는 한마디도 하지 말아야 한다. 자백한 후에도 우리는 여전히 죄가 가득하다. 우리가 더러운 세상에서 살고 있기 때문에, 의사들은 질병에 걸리지 않도록 자주 손을 씻어야 한다고 말한다. 마찬가지로 우리는 날마다 수시로 자백해야 한다. 우리는 이처럼 철저하게 회개하고 자백해야 한다.

우리의 새사람을 다시 불붙였는가?

우리 믿는 이들은 하나님에 의해 거듭나고 새 창조물로 지어졌다. 우리 존재 안에는 다시 불붙여져야 하는 새사람이 있다. 그러나 대부분의 시간에 우리는 이 새사람을 제쳐 둔다. 우리는 집회에 오면서도 우리의 새사람을 집에 남겨 둘지도 모른다. 교리적으로 말하자면 이러한 일은 결코 일어날 수 없지만, 실지적으로 말하자면 일어날 수 있다. 그러므로 항상 우리의 새사람을 다시 불붙여야 한다.

우리는 옛사람을 다시 불붙일 필요가 없다. 왜냐하면 추한 이것이 영원히 존재하기 때문이다. 옛사람은 불 못 안으로 던져져 불타 버릴 때까지 우리와 함께 있을 것이다. 젊었을 때 나는 왜 하나님께서 죄인들을 영원토록 불 못에서 불타게 하시느냐는 질문을 받곤 했다. 우리는 옛사람이, 영원히 존재하는 악한 사탄에게서 나왔으므로 영원히 존재하는 불이 필요함을 보아야 한다. 우리가 옛사람을 다시 불붙일 필요가 없는 이유는 언제나 악한 자가 다시 불붙이고 있기 때문이다. 그러나 우리는 참으로 새사람을 다시 불붙일 필요가 있는데, 이렇게 하는 유일한 길은 끊임없이 지속적으로 기도하는 것이다. 이런 이유로 성경은 끊임없이 기도하라고 우리에게 말한다(살전 5:17). 우리는 기도를 그치자마자 다시 새사람을 불붙일 필요가 있다. 새사람을 다시 불붙이는 것은 평범한 일이 아니다. 자신의 새사람을 다시 불붙이는 법을 아는 그리스도인은 거의 없다.

우리의 등을 다시 채웠는가?

우리의 등을 다시 채웠는가? 이 질문은 마태복음 25장에 근거를 둔 것이다. 현명한 다섯 처녀는 그들의 그릇과 등에 기름을 가지고 있었다(4절). 그러나 어리석은 처녀들의 문제는 그들의 등에 다시 기름을 채우는 데 소홀했다는 것이다(3절). 우리는 주님과 함께 시간을 보냄으로 우리의 등을 다시 채울 수 있다. 이것은 기도만으로는 되지 않는다. 먼저 우리는 새사람이 다시 불붙기를 기도해야 한다. 그런 다음 우리의 등에 다시 기름을 채우기 위해 주님과 함께 머물러야 한다.

온종일 기도하지 않고 지낼 때 우리는 안에 불탐이 없고 빛이 없음을 느낀다. 다시 불붙이는 것이 없다. 그러나 우리가 기도한다면 오 분 후에 우리 안의 무언가가 다시 불붙여졌음을 깨닫게 되는데, 이것이 바로 새사람이다. 몇 분만 기도해도 새사람을 다시 불붙일 수 있지만, 이것으로는 우리의 등을 다시 채우지 못한다. 우리의 등을 다시 채우기 위해서는 주님과 함께 머물러야 한다. 나의 체험에 따르면, 이것은 적어도 삼십 분이 필요하다. 이런 식으로 주님과 함께 있는 것은 한 시간이 적당하다.

이것은 단지 기도하는 것만이 아니라 주님과 함께 있는 것이고, 성경을 읽는 것만이 아니라 주님과 함께 있는 것이며, 몇몇 황금 절들을 묵상하거나 읊조리는 것만이 아니라 주님과 함께 있는 것이다. 주님과 함께 있는 것이 몇몇 황금 절들을 읊조리는 것보다 훨씬 더 좋다. 주님과 함께 있는 것이 성경의 어떤 부분을 묵상하는 것보다 더 좋다. 주님과 함께 있는 것이 성경을 연구하는 것보다 더 좋다. 주님과 함께 있는 것이 기도하는 것보다 훨씬 더 좋다. 우리는 읽지 않고도, 기도하지 않고도, 묵상하지 않고도, 주님과 함께 있음으로 주님의 임재를 누릴 수 있다. 그럴 때 우리는 다시 채워진다. 이것이 우리의 체험이 되게 하라. 새사람을 다시 불붙이는 길은 기도하는 것이다. 우리의 등을 다시 채우는 길은 주님과 함께 시간을 보내는 것이다.

우리의 불꽃을 부채질했는가?

디모데후서 1장 6절에서 바울은 디모데에게 그의 안에 있게 된 하나님의 은사를 부채질하여 불타오르게 하라고 말했다. 우리에게 불꽃이 있겠지만 그 불꽃은 죽어 갈지도 모른다. 우리 자신이 불타오를 때까지 우리는 안에 있는 불꽃을 부채질하여 불길이 되게 해야 한다. 오늘날 우리는 안에 작은 불꽃만 있기 때문에 편안히 잠을 잘 수 있다. 그러나 집 안에서 불꽃이 불길이 된다면 우리는 잠을 잘 수 없다. 우리는 주님의 권익을 위해 영 안에서 불타오를 것이다.

동반자와 친밀하고 철저하게 교통하기 시작했는가? 몇 차례 교통했는가?

동반자와 진실로 친밀하고 철저하게 교통하는 것은 아주 특별한 것이다. 우리가 과거에 가진 교통은 그렇게 친밀하거나 철저하지 못했을 것이다. 우리는 동반자에게 자신을 활짝 열어야 한다. 기도는 우리의 새사람을 다시 불붙이는 길이고, 주님과 함께 시간을 보내는 것은 우리의 등을 다시 채우는 길이다. 이제 우리는 동반자에게 자신을 활짝 열어야 한다.

회개하는 기도를 지속적으로 하고 있는가?

회개하는 기도는 반드시 지속적으로 해야 하는 특별한 종류의 기도이다. 어떤 기도이든 회개가 없다면 거의 헛된 것이다. 음식을 먹기 전에 항상 손을 씻어야 한다고 의사들은 말한다. 이와 마찬가지로 우리는 회개하지 않고 기도해서는 안 된다. 회개하지 않고 기도하는 것은 손을 씻지 않고 음식을 먹는 것과 같다. 성질을 내거나 악한 말을 하지 않을지라도 우리는 여전히 죄가 가득하다. 그러므로 우리는 기도하려고 할 때, 즉 영적인 음식을 먹으려고 할 때 손을 씻어야 한다. 손을 씻는 것은 회개하는 것이다. 우리는 이렇게 말씀드려야 한다. "주님, 저에게는 여전히 당신의 용서가 필요하고 당신의 보배로운 피로 정결하게 되는 것이 필요합니다." 그런 다음 기도할 수 있다. 우리는 손을 씻은 후에 먹을 수 있다.

우리 모두는 회개할 수 있는 특정한 시간이 필요하다. 그래야 기도할 수 있다. 우리가 기도할 수 있는 정도는 회개한 정도에 달려 있다. 다니엘서에서 다니엘은 좋은 본을 세웠다. 다니엘서 9장에서 우리는 다니엘이 기도할 때 길게 회개하고 자백했음을 본다. 그는 기도하고 자백하는 도중에 칠십 이레에 대한 계시를 받았지만, 다니엘서 9장은 대부분 그의 자백으로 채워져 있다. 그는 자신뿐만 아니라 자신의 백성과 조상을 위해 회개하고 자백했다. 따라서 우리는 자신을 위해 회개할 때 교회를 위해서도 자주 회개해야 한다. 교회를 잊지 말라. 그것은 우리가 교회와 하나이기 때문이다. 우리가 더럽다면 분명 우리의 교회도 더러울 것이다.

여러분이 몇 번이나 회개하고 자백해야 하는지를 내게 묻는다면, 나는 그 횟수를 헤아릴 수 없다고 대답할 것이다. 우리는 날마다 온종일 회개하고 자백해야 한다. 일반적인 방식으로 우리는 먼저 이렇게 기도해야 한다. "주님, 제게는 여전히 당신의 용서하는 은혜가 필요합니다. 여전히 당신의 피로 저를 정결하게 해 주시는 것이 필요합니다." 또한 이렇게 기도해야 한다. "주님, 제가 온종일 영 안에서 절대적으로 행하지 않은 것에 특별히 당신의 용서가 필요합니다." 이것은 특별한 자백이다. 하루가 끝날 무렵, 어떤 문제들에 대해 영 안에 있지 않았다는 것이 생각날 수 있다. 로마서 8장 4절은 율법의 의로운 요구가 영을 따라 행하는 이들 안에서 이루어진다고 말한다. 자신이 온종일 모든 것을 영 안에서 한다는 확신이 있는가? 나는 아무도 이렇게 할 수 없다고 여러분에게 말할 수밖에 없다. 그러나 우리는 회개의 기도를 할 수 있다. 사람은 자신의 손을 완전히 깨끗하게 유지할 수는 없지만 손을 씻을 수는 있다. 우리는 그리스도의 보배로운 피로 지속적으로 씻어지는 것이 필요하다(요일 1:7).

많은 그리스도인이 주님을 믿기만 하면 모든 것이 괜찮을 것이라고 생각한다. 그들은 자신이 아무리 죄가 많고 세상적인 일을 많이 해도 그리스도께서 자신의 의가 되신다고 믿는다. 이런 그리스도인들은 두말할 것 없이 매우 느슨하고 건강하지 못하다. 특별히 신약에서, 그들은 느슨한 그리스도인들을 위한 훈련 기간이 있음을 본 적이 없다. 신약은 신실하지 않고 느슨한 그리스도인들이 주님께서 돌아오실 때 바깥 어둠 속에 던져질 것이라고 말한다(마 8:12, 25:30). 어떤 사람들은 구원받은 우리 믿는 이들이 어떻게 바깥 어둠 속에 던져질 수 있는지를 의아해할 수 있다. 오늘 우리가 어둠 가운데서 행하고 살고 처신한다면 어떻게 다가올 시대에 주님께서 우리를 직접 영광 안으로 이끄시기를 바랄 수 있겠는가? 성경은 사탕발림하는 책이 아니다. 성경은 경고로 가득하다. 히브리서에는 다섯 가지 큰 경고가 있다(2:1-4, 3:7-4:13, 5:11-6:20, 10:19-39, 12:1-29). 우리가 성숙에 이르도록 계속 이끌려서 다음 시대에 주님의 징계 대신 주님의 보상을 받을 수 있으려면 활력화되어야 한다. 이런 이유로 우리는 회개하는 기도를 지속적으로 해야 한다.

동반자와 함께 가능성 있는
모든 복음 대상자의 명단을 만들었는가?

우리는 동반자와 함께 가능성 있는 모든 복음 대상자의 명단을 만들어야 한다.

복음 대상자들을 위해 기도하면서, 누구를 접촉해야 할지에 대해 주님의 인도를 받았는가?

우리는 복음 대상자들을 위해 기도하면서, 누구를 접촉해야 할지에 대해 주님의 인도를 받아야 한다. 그런 다음 우리는 그들을 접촉하러 나감으로 주님의 인도를 수행할 필요가 있다.

5

새로운 세대의 필요

The Need for
a New Generation

제5장
새로운 세대의 필요

틀에 박힌 모든 것에서 벗어남

이 일련의 메시지에서 나는 여러분이 각종 형식과 틀에 박힌 것에서 벗어나도록 도울 부담이 있다. 우리는 어떤 종류의 형식도 미워하고, 형식적인 집회와 의식을 미워하며, 틀에 박힌 집회, 틀에 박힌 기도, 틀에 박힌 말, 틀에 박힌 읽기, 틀에 박힌 교통, 틀에 박힌 신언을 미워한다. 우리는 틀에 박힌 것은 무엇이든 미워한다. 교회생활 안에서 우리는 주님과 하나 된 활력화된 이기는 이들이 되어, 죽어 있음과 미지근함과 열매 없음을 정복하기를 원한다.

복음을 전하는 일에 복음지를 사용함

우리는 복음을 전하는 일을 위해 수많은 복음지를 준비하고 있다. 이제까지 우리가 준비해 놓은 복음지들의 제목은 "우리의 믿음", "우리의 복음", "우리의 위임", "우리의 집회들"이다. 우리가 새로운 사람들을 방문할 때 그들은 우리가 누구이고 무엇을 믿는지를 궁금해할 것이다. 우리가 무엇을 믿는지를 보여 주기 위해 그들에게 "우리의 믿음"이라는 제목의 복음지를 줄 수 있다. 그들은 이것을 읽고서 우리가 진실한 그리스도인들임을 깨달을 것이다. 그런 다음 그들은 우리가 무엇을 전파하는지를 궁금해할지도 모른다. 우리는 우리가 무엇을 전파하는지 말해 주는 "우리의 복음"이라는 복음지를 그들에게 줄 수 있다. 그들이 우리가 무엇을 하고 있는지를 알고 싶어 한다면, 우리의 일에 대해 말해 주는 "우리의 위임"이라는 복음지를 그들에게 줄 수 있다. 그들이 우리가 어떤 교회에 가는지를 알고 싶어 한다면, 우리가 모이는 방식을 그들에게 보여 주는 "우리의 집회들"이라는 복음지를 그들에게 줄 수 있다. 그들이 이것을 읽으면, 교회를 건축하기 위해 우리에게 가정 집회와 온전하게 하는 집회와 주님을 위해 말하는 즉 신언하는 교회 집회가 있음을 깨달을 것이다. 그들은 또한 하나님의 말씀을 전하기 위한 사역 집회가 우리에게 있음을 볼 것이다. 이 복음지들을 읽고 나면, 새로운 사람들은 우리에 대해 매우 분명해져서 평안을 가지고 우리와 이야기할 것이다. 이 네 가지 복음지는 첫 번째 시리즈로 여겨질 수 있다.

우리가 발간하려는 두 번째 복음지 시리즈는 우리의 복음 전파를 위한 것이다. 이 복음지들은 하나님, 그리스도, 그 영, 영원한 생명, 그리스도의 몸, 각 지방에 있는 교회들, 그리스도의 몸의 하나에 관한 것이다. 하나님과 그리스도와 그 영과 영원한 생명은 그리스도의 몸을 산출하기 위한 것이고, 그리스도의 몸은 각 지방에 있는 교회들 안에서 표현되며, 지방에 있는 모든 교회는 그리스도의 몸의 하나를 지켜야 한다.

우리는 밖으로 나가서 사람들을 방문할 때마다, 그들이 그리스도인들이든 믿지 않는 이들이든 이 모든 복음지를 가져가야 한다. 그러면 주님께서 인도하실 때 그들에게 어떤 복음지를 주어 특정한 필요를 채워 줄 수 있다. 우리는 효과적인 방식으로 이 복음지들을 사용하는 법을 배워야 한다. 이 복음지들이 무엇을 말하는지를 연구할 필요가 있다. 그럴 때 우리는 이 복음지들의 내용에 대해 새로운 사람들과 대화를 나눌 수 있다.

새로운 사람에게 복음지 전체를 읽자고 요청하는 것은 서툰 것이다. 그것은 진부한 방식이다. 그 대신, 대화를 나누다가 어떤 시점에 특정 문단의 일부를 그에게 읽어 줄 수 있다. 그런 다음 우리가 읽어 준 것을 강화하고 확증하여 그에게 인상을 심어 줄 수 있다. 우리는 이 복음지들에 언급된 모든 적절한 성경 말씀에 익숙해야 한다. 이것은 우리가 사람들에게 다가가는 훈련의 실지적인 부분이다.

무엇이 활력 그룹인가

이제 나는 "무엇이 활력 그룹인가?"라고 묻고 싶다. 여러분은 활력 그룹이 살아 있고 불타며 열매를 맺는 그룹이라고 말할지도 모른다. 그러나 이것은 이상이 없는 교리적인 답변일 수 있다. 사실상 활력 그룹은 정상적인 그리스도인들의 그룹이다. 오늘날 회복 안에 있는 우리 많은 이를 포함하여 대부분의 그리스도인이 비정상적이다. 활력 그룹을 수행하기 위해 노력하려는 나의 부담은 세대를 바꾸는 것이다. 1984년에 대만에 갔을 때 나는 장로들에게 현재 잠자고 있는 회복의 상황에서는 전진할 수 없다고 말했다. 우리는 사데의 죽어 있음(계 3:1-2)과 라오디게아의 미지근함(14-16절)과 퇴보하는 믿는 이들의 열매 없음(요 15:2상)에서 나와야 한다. 나는 새로운 세대 즉 새로운 백성이 함께하는 또 다른 시대 안으로 회복을 가져가기 원한다.

거룩한 말씀을 재고한 후에, 우리는 그리스도인들이 봉사와 집회를 위해 따라야 하는 길을 찾아냈다. 이것은 하나님께서 정하신 길, 곧 성경 안에서 하나님에 의해 정해진 길이다. 하나님께서 정하신 길에는 네 단계가 있다. 첫 번째 단계는 복음을 전파함으로 죄인들을 구원받게 하여 그리스도의 지체들이 되게 하는 것이다. 이것은 낳는 단계, 즉 그리스도의 지체들을 낳고 산출하는 단계이다. 죄인들이 회개하고 믿고 거듭나면 이제 그들은 우리가 양육해야 하는 갓난아기와 같다. 이것은 우리를 두 번째 단계인 먹이는 단계, 즉 양육하는 단계로 이끈다. 먹이는 단계 후에는 그들을 교육하기 위한 가르치는 단계가 온다. 가르치는 단계는 긴 시간이 걸린다. 인간적으로 말하면 교육은 초등학교에서 육 년, 중고등학교에서 육 년, 대학교에서 사 년이 걸린다. 영적으로 말하면 우리 또한 그리스도인의 생활과 교회생활을 위해 신성한 진리로 교육받을 필요가 있다. 이것이 가르치는 단계인데, 에베소서 4장 12절에서 말하는 '성도들을 온전하게 하는 것'이 이 단계에 해당한다. 일정한 기간 후에 성도들은 교회생활 안에서 '졸업생들'이 된다. '졸업'하는 데 걸리는 기간은 주님에 대한 갈망과 노력과 역량에 따라 사람마다 다르다.

낳는 단계와 양육하는 단계와 가르치는 단계 이후에 건축하는 단계가 온다. 사 년제 대학을 졸업한 후에 우리는 어떤 일을 해야 한다. 교회생활 안에서 우리의 일은 신언함으로써 그리스도의 교회, 즉 그리스도의 몸을 건축하는 것이다. 이것은 고린도전서 14장에서 완전히 밝혀지고 제시된다. 교회는 늘 말씀을 전하는 한 사람의 사역자나 설교자에 의해 건축되는 것이 아니다. 이런 관념은 사탄에게서 나온 것으로서, 그리스도의 몸을 망치고 그리스도의 머리의 권위를 무효화하며 교회를 아무것도 아닌 것으로 만든다. 한 사람이 말씀을 전하고 나머지는 듣는 실행은 그리스도의 몸인 교회를 건축하지 못한다. 그 대신, 계급과 지위가 있는 일종의 종교 체계인 성직자 계급을 만든다. 고린도전서 14장에서 바울은 모두가 신언하기를, 곧 주님을 위해 말하기를 사모해야 한다고 말한다(1절). 바울은 모두가 신언할 수 있다고 말한다(31절). 고린도전서 14장에서 신언하는 것은 주님을 위해 말하고 그리스도를 말해 내는 것을 의미한다. 아주 다양한 성도들이 집회에서 말하는 것이 우리에게 필요하다. 새로운 사람이 침례를 받은 후에 "주 예수님을 찬양합니다! 저는 그분을 사랑합니다. 그분은 저에게 매우 좋은 분이십니다."라고 말할 수 있다. 한 가정에서 어린 자녀부터 조부모까지 서로 다른 연령대의 식구가 모두 말한다면 듣기에 좋을 것이다. 교회생활은 이와 같아야 한다.

이처럼 우리는 하나님께서 정하신 길에 네 단계, 즉 낳는 단계와 먹이는 단계와 가르치는 단계와 건축하는 단계가 있음을 보았다. 회복 안의 거의 모든 사람이 하나님께서 정하신 길을 좋아하지만, 그것을 실지로 한 단계씩 실행하기 시작해야만 우리는 바뀐 세대가 될 것이다. 우리는 낡은 세대에서 벗어나 새로운 세대가 될 것이다. 이것이 내가 회복 안에서 보기를 기대하는 것, 곧 세대의 전환이다. 우리는 반드시 죽어 있음과 미지근함과 열매 없음에서 벗어나야 한다. 또한 틀에 박힌 것, 형식, 침묵, 전통적인 방식의 기도에서 벗어나야 한다. 우리는 죽어 있음과 미지근함과 열매 없음을 미워한다. 우리는 그것들과 싸워 이기기 위해 분투하고 있다. 우리는 옛 길에서 새 길로 전환해야 한다. 하나님께서 정하신 길의 낳고 먹이고 가르치고 건축하는 네 단계를 통해 낡은 시대에서 새로운 시대로 전환해야 한다. 우리에게는 세대의 전환이 필요하다.

나는 활력 그룹이 정상적인 그리스도인들의 그룹이라는 것을 다시 한번 말하고 싶다. 정상적인 그리스도인은 항상 교회 안에서 거룩한 삶을 산다. 그는 몸 안에서 생활한다. 그는 사람들을 교파가 아닌 교회 안으로, 즉 몸 안으로 구원한다. 우리 가운데 많은 사람이 이런 식으로 구원받지 않았다. 따라서 우리는 정상적이지 않았다. 정상적인 그리스도인은 정상적인 교회생활을 하고 정상적인 방식으로 복음을 전파하여 사람들을 교회인 몸 안으로 구원한다.

정상적인 그리스도인은 정상적인 그리스도인을 낳고 산출한다. 어떤 사람이 복음 전파를 들었다면 철저하게 회개하도록 인도받아야 한다. 그는 하나님 앞에서 자신의 실수, 악행, 부족함, 결함, 잘못, 허물, 죄들, 악들에 대해 철저한 자백을 해야 한다. 그는 또한 자신이 마음을 상하게 한 모든 사람에게 용서를 구해야 한다. 이러한 회개와 자백을 통하여 그는 주님과 그의 동료 믿는 이들과 가깝고도 친밀한 교통을 갖기 시작할 것이다. 그럴 때 그는 또한 기도하는 법, 하나님의 말씀을 읽는 법, 주님의 이름을 부르는 법, 자신의 영을 훈련하는 법과 관련하여 온전하게 될 수 있다. 자연히 그는 활력적인 사람, 곧 살아 있고 불타며 열매 맺는 사람이 될 것이다. 활력적인 사람은 최대한으로 회개하고, 철저히 자백하며, 주 하나님을 친밀하게 접촉하고, 동료 그리스도인들과 가깝게 교통하는 사람이다.

6

사람들을 접촉하는 습관을 세움

Building Up a Habit of Contacting People

제6장

사람들을 접촉하는 습관을 세움

성경: 고전 9:16-27, 딤전 1:16

복음 전파에 관한 우리의 부담

나는 고린도전서 9장 16절부터 27절까지의 말씀을 소중히 여긴다. 이 부분의 말씀은 성경에서 복음 전파에 관한 우리의 부담을 말해 주는 최상의 부분이다. 나는 우리가 이 절들을 심사숙고하여 읽어 보기를 바란다.

청지기 직분이 맡겨짐

고린도전서 9장 16절과 17절에서 바울은 이렇게 말한다. “내가 복음을 전파한다 할지라도, 그것은 나에게 자랑거리가 아닙니다. 왜냐하면 내가 마땅히 해야 할 일이기 때문입니다. 복음을 전파하지 않는다면, 나에게 화가 있습니다. 내가 자진해서 이 일을 한다면 보상을 받을 것입니다. 그러나 자진해서 하지 않는다 해도, 나에게는 이미 청지기 직분이 맡겨졌습니다.” 바울에게는 부담과 책임이 있었다. 복음을 전하는 것은 그의 자랑이 아니라 의무였다. 주님은 바울에게 청지기 직분을 맡기시고 그를 청지기로 세우셨다. ‘청지기 직분’에 해당하는 헬라어 단어는 ‘오이코노미아(oikonomia)’로서 ‘경륜’으로 번역되기도 한다. 바울은 자신의 청지기 직분을 다하기 위해, 주님에게서 받은 모든 풍성을 어려움을 겪는 사람들에게 분배하였다.

모든 사람에게 모든 것이 됨

고린도전서 9장 18절과 19절은 이렇게 말한다. "그렇다면 나의 보상이 무엇이겠습니까? 그것은 내가 복음을 전파할 때 대가 없이 제공하고, 복음에 따른 나의 권리를 전혀 사용하지 않는 것입니다. 내가 모든 사람에게서 자유로우나 스스로 모든 사람에게 노예가 된 것은 더 많은 사람을 얻기 위한 것입니다." 어려움을 겪는 모든 사람에게 바울이 노예가 된 것은 그들을 얻기 위한 것이었다. 고린도전서 9장 20절부터 22절까지는 이렇게 말한다. "유대인들을 얻기 위하여 유대인들에게는 내가 유대인같이 되었고, 율법 아래 있는 사람들을 얻기 위하여 율법 아래 있는 사람들에게는 (나 자신은 율법 아래 있지 않지만) 내가 율법 아래 있는 사람같이 되었습니다. 율법 밖에 있는 사람들을 얻기 위하여 율법 밖에 있는 사람들에게는 (내가 하나님께는 율법 밖에 있는 사람이 아니요 그리스도께는 율법 안에 있는 사람이지만) 내가 율법 밖에 있는 사람같이 되었습니다. 약한 사람들을 얻기 위하여 약한 사람들에게는 내가 약하게 되었습니다. 어떻게 해서든지 몇 사람이라도 구원하기 위하여 모든 사람에게 내가 모든 것이 되었습니다." 바울은 모든 사람에게 모든 것이 되었다. 약한 사람들에게 그는 약한 사람이 되었다. 그는 모든 사람을 위해 자신을 모든 것에, 즉 다른 방식의 식사와 실행에 적응시켰다.

복음에 동참함

고린도전서 9장 23절은 "이 모든 것을 나는 복음을 위하여 행하고 있습니다. 그것은 내가 복음에 동참하는 사람이 되기 위한 것입니다."라고 말한다. 우리가 얼마나 많이 복음에 동참하여 이 복음을 누리는지는 다른 사람들과 얼마나 많이 복음을 나누는지에 달려 있다. 복음을 전하지 않는다면 우리는 복음 안에서 어떤 누림도 갖지 못할 것이다. 복음을 전하지 않는다면 우리는 자신이 받아들인 복음에 동참할 수 없다. 복음을 받아들이는 것은 믿음에 의해 이루어지지만, 복음을 누리는 것은 복음 전파에 의해 이루어진다. 복음을 누리려면 복음을 전해야 한다. 전하면 전할수록 우리는 더욱더 누린다. 우리가 전하지 않고 아무런 열매도 맺지 못한다면 복음을 누리는 것에서 끝난 것이다.

경기장에서 달리기를 함

고린도전서 9장 24절은 "경기장에서 달리기를 하는 사람들이 모두 달리지만, 상을 받는 사람은 한 사람뿐이라는 것을 여러분은 알지 못합니까? 이와 같이 여러분도 상을 붙잡기 위해 달리십시오."라고 말한다. 바울은 경기장에서 달리기를 하는 올림픽 출전 선수와 같았다. 그는 경기장에서 달리기하는 것을 예로 사용하여 자신이 어떻게 복음을 전하였는지를 설명하였다. 그는 느슨한 방식으로 복음을 전하지 않고 올림픽 경기의 방식으로, 즉 매우 엄격한 방식으로 복음을 전했다. 올림픽에 출전하는 사람은 매우 엄격한 방식으로 훈련하고 연습해야 한다. 우리도 복음에 있어서 반드시 이와 같아야 한다.

바울은 우리가 상을 얻으려면 이런 방식으로 달려야 한다고 말한다. 우리는 복음 전파에 대한 격려제로서 상이 있음을 기억해야 한다. 그러나 느슨하게 복음을 전해서는 안 된다. 우리는 엄격한 방식으로 달음질하도록 노력해야 한다. 이것을 고려하여 우리와 바울을 비교한다면 우리가 매우 부족한 상태임을 인정할 수밖에 없다. 우리는 복음을 위한 활력 그룹 실행을 가볍고 느슨한 방식으로 취해서는 안 된다. 우리가 느슨하다면 어떤 것을 얻을 가능성이 없다. 주님께서 매주, 매해 우리에게 말씀하셨다. 그러나 우리 가운데 많은 사람이 그분의 말씀에서 온전한 유익을 받지 못했다. 이것은 우리의 느슨함 때문이다.

우리는 어떤 것도 느슨한 방식으로 행해서는 안 된다. 만일 의자를 배열한다면 정확하게 배열해야 한다. 안내 봉사를 하고 있다면 사람들을 안내할 장소를 두루 살펴야 한다. 모든 것이 질서 정연하고 청결하고 산뜻하며 사람의 마음을 끌도록 확실하게 준비해야 한다. 우리는 또한 엄격한 방식으로 식사하는 것을 배워야 한다. 식탁을 떠날 때는 의자를 식탁 아래로 밀어 넣어 제자리에 두어야 한다. 침실과 직장, 그리고 우리와 관련된 모든 것이 잘 정돈되어 있어야 한다. 우리가 느슨하고 너저분한 사람이라면 그런 식으로 복음을 전할 것이다. 우리는 복음을 전하는 것에 관해 말하지만, 어떻게 복음을 전해야 하는가? 어떤 노력이나 필사적임 없이 느슨한 방식으로 복음을 전할지도 모른다.

1953년에 나는 타이베이에서 백이십 명의 성도와 함께 훈련 집회를 했다. 이것은 내가 중국 본토를 떠난 후에 처음으로 가진 훈련 집회였다. 그 훈련 집회에서 내가 첫 번째로 다룬 것은 훈련생들의 성격이었다. 나는 주님께 유용한 사람이 될 수 있는 합당한 성격의 서른 가지 항목을 제시했다(참조 '성격'). 성격의 첫 번째 세 가지 항목은 진실과 정확과 엄격이다. 진실하고 정확하고 엄격한 것은 상을 얻도록 그리스도인의 경주를 달리기 위한 것이다. 경기장에서 달리는 것에는 규정이 있다. 우리는 훈련받아야 한다.

나는 지금까지 오랜 세월을 이런 종류의 훈련과 규율 아래 있었다. 합당한 규율을 자신에게 훈련의 방식으로 적용하지 않는다면 결코 이기는 이가 될 수 없다. 주 예수님은 느슨한 분이 아니셨다. 한번은 떡 다섯 개와 물고기 두 마리만으로 여자와 아이를 제외하고 오천 명을 먹이셨다. 우리가 그곳에 있었다면 흥분했을 것이다. 우리는 흥분하여 모든 남은 음식을 소홀히 여겼을 것이다. 그러나 주 예수님은 제자들에게 남은 음식을 모두 모으라고 말씀하셨다(요 6:12). 이것은 주님께서 엄격하셨음을 보여 준다.

그분은 오천 명을 보셨을 때 그들을 오십 명씩 무리 지어 앉게 하라고 제자들에게 말씀하셨다(요 6:10, 눅 9:14). 그런 다음 떡과 물고기를 가지시고 그들을 먹이셨다. 자리에 앉게 하는 것은 규제받게 하는 것이다. 규율이 없었다면 오천 명을 먹일 수 없었을 것이다. 그들은 모두 몹시 배가 고팠고 먹기를 원했다. 그들 모두가 음식을 얻으려고 갑자기 달려들었다면 몇몇 사람이 밟힐 수도 있었다. 주님께서 사람들을 앉게 하라고 제자들에게 말씀하실 때 그 말씀이 무리 전체를 규제하였다. 제자들이 음식을 분배하려고 할 때 무리 전체에 합당한 방식과 좋은 질서가 있었다. 이것은 주 예수님께서 그분의 인성에 있어서 매우 섬세하고 세밀한 분이셨음을 보여 준다.

우리는 또한 주님께서 부활하신 사건에서 그분의 섬세한 인성을 볼 수 있다. 부활의 날에 주님의 무덤에 들어갔을 때, 베드로는 '예수님의 머리를 쌌던 수건이 세마포와 함께 놓여 있지 않고 따로 한 곳에 개어져 있는 것'(요 20:7)을 보았다. 만일 우리가 부활했다면 "하나님을 찬양합니다! 저는 해방되었습니다! 할렐루야!"라고 말한 다음, 수건을 벗어 던지고 모든 것을 무덤에 너저분하게 남겨 둔 채 떠났을 것이다. 그러나 주님은 그렇게 하지 않으셨다. 제자들은 그분의 무덤에 왔을 때 그분께서 부활하셨다는 증거를 보았다. 무덤 안에 남겨진 모든 것이 주님께서 부활하셨다는 증거였다. 그것들이 합당하게 정돈되어 그곳에 남겨져 있지 않았더라면, 베드로와 요한은 주님께서 누군가에 의해 옮겨지신 것이 아니라 스스로 살아나셨다고 믿기가(요 20:8) 어려웠을 것이다. 누군가가 주님을 옮겼다면 아무것도 질서 정연하게 남아 있지 않았을 것이다. 이것은 주님의 섬세한 인성을 다시 한번 보여 준다. 우리의 성격은 이러한 높아진 인성으로 변화될 필요가 있다. 주님은 전능하시고 무한하시지만 결코 느슨하지 않으셨다. 그분은 작은 일들을 돌보실 때조차 매우 섬세하고 세밀하셨다. 우리는 이와 같이 그리스도인의 경주를 할 필요가 있다.

모든 일에 자제함

고린도전서 9장 25절에서 바울은 "경기에서 이기려고 다투는 사람마다 모든 일에 자제합니다. 그런데 그들은 썩어 없어질 월계관을 받으려고 하지만, 우리는 썩지 않을 것을 받으려고 합니다."라고 말한다. 바울은 복음을 위해 모든 일에 자제했는데, 이는 그리스도인의 경주를 하기 위한 것이었다. 그는 느슨하지 않았다. 이것은 그가 올림픽에 출전한 운동선수처럼 노력했음을 보여 준다.

우리가 이기려고 다투기 위해 훈련과 지도를 받고자 한다면, 마시는 것, 먹는 것, 옷 입는 것, 머리 빗는 것, 넥타이 매는 것, 심지어 웃거나 우는 것 등 모든 일에 자제하는 법을 배워야 한다. 나는 몇몇 형제들이 억제할 줄 모르고 웃는 것과 몇몇 자매들이 멈출 줄 모르고 우는 것을 보았다. 우리는 웃고 우는 일에 자제하기를 배워야 한다.

육십팔 년 동안 나는 하나님의 훈련 아래서 스스로 자제하며 지냈다. 이 때문에 나는 말씀을 열 수 있는 것이다. 디모데후서 2장 15절에서 바울은 디모데에게 목수가 나무를 곧게 자르듯이 말씀을 곧게 잘라 내기를 배워야 한다고 말했다. 모든 것을 정확히 행하도록 훈련할 때 하나님의 말씀을 합당하고 곧게 해설할 수 있다.

1947년에 내가 상하이에 있을 때, 어느 날 동역자 몇 사람이 우리의 일에 관해 교통하고 있었다. 그때 한 여집사 자매가 흥분하여 우리에게 왔다. 그녀는 "리 형제님, 위층 천장에 큰 구멍이 있습니다."라고 말했다. 그녀는 그 구멍이 얼마나 큰지 보여 주려고 손짓을 해 가며 이야기했다. 나는 그녀에게 "얼마나 큽니까?"라고 물었다. 그녀는 "이만큼 큽니다!" 라고 말했다. 그녀의 손짓은 이전보다 약간 작아졌다. 나는 다시 한번 "얼마나 큽니까?"라고 물었다. 그녀는 "이만큼 큽니다."라고 말했다. 나는 또다시 "얼마나 큽니까?"라고 물었다. 그녀는 "대략 이만큼 큽니다." 라고 대답했다. 내가 물을 때마다 그 자매가 묘사하는 구멍은 점점 작아졌다. 결국 천장에 난 구멍이 실지로는 아주 작은 것임을 발견했다. 이 원칙을 우리 자신에게 적용한다면 자신이 얼마나 부정확한지를 깨닫게 될 것이다.

나는 내가 배운 것에 따라 성격 훈련의 서른 가지 항목을 구성할 수 있었다. 우리는 성경 지식만으로 훈련받아서는 안 된다. 우리는 생명 안에서 자라도록 훈련받기를 원한다. 생명에 속한 것들은 규율에 따라 성장한다. 모든 과일은 그 안에 있는 생명의 규율에 따라 모양을 이룬다. 모양을 이루는 것은 생명의 성장으로 일어난다. 생명이 규제한다. 우리는 주님의 생명 안에서 자라도록 훈련받을 필요가 있다. 그러면 우리는 규제받을 것이다. 타락 때문에 우리의 인성은 규제받지 않는다. 따라서 외적 훈련이 어느 정도는 필요한데, 우리는 이 훈련을 '성격 훈련'이라고 부른다.

우리는 교회의 집회와 봉사에서뿐 아니라 일상생활과 개인 생활에서도 진실하고 정확하고 엄격해야 한다. 신발을 벗어서 어디에 두는가? 이것은 우리가 어떤 성격을 소유하고 있는지를 보여 준다. 어떻게 옷을 입고 어떻게 머리를 빗는지에 관련된 모든 것이 합당해야 한다. 우리는 청결하고 말끔해야 하며, 가구가 있는 우리의 방 역시 청결하고 말끔하게 정돈되어 있어야 한다. 우리는 신발을 닦아야 하고 가구에 있는 먼지를 털어 내야 한다. 바울은 우리 그리스도인들이 경기장에서 달음질하는 사람들과 같다고 말한다. 달음질하는 것은 훈련하는 것이다. 우리는 빗자루를 들고 어느 곳을 청소할 때조차 느슨하거나 게으르게 해서는 안 된다. 우리는 엄격하고 부지런한 방식으로 청소해야 한다. 이런 방식으로 일들을 돌보지 않는 것은 우리의 느슨함과 게으름을 보여 준다.

우리는 사람들을 접촉하러 갈 때 느슨해서는 안 된다. 반드시 경주해야 한다. 우리는 올바른 분위기에서 올바른 태도로 그들을 접촉해야 한다. 우리의 온 존재는 다른 사람들을 접촉하기에 합당하고 적합하도록 훈련되어야 한다. 젊은 형제가 육십 세쯤 된 사람과 이야기를 한다면 매우 공손한 태도로 앉아서 대화해야 한다. 그 형제는 그 사람 앞에 느슨한 방식으로 앉아 있어서는 안 된다. 우리는 모든 일에 자제함으로 경주해야 한다. 이것은 우리의 복음 전파를 효과적이게 한다. 복음 대상자와의 대화가 효과적일 수 있는지는 우리가 어떻게 처신하는지, 심지어 어떻게 자리에 앉아 있는지, 어떤 태도인지에 달려 있다. 우리는 이 교통을 하나의 원칙으로 취해야 한다.

우리의 몸을 쳐서 노예로 삼음

고린도전서 9장 26절과 27절에서 바울은 이렇게 말한다. “그러므로 나는 이와 같이 달리되 목표가 분명하지 않은 것처럼 하지 않고, 이와 같이 권투하되 허공을 치는 것처럼 하지 않습니다. 오히려 나는 나의 몸을 쳐서 노예로 삼습니다. 이것은 내가 남들에게는 전파하면서도 정작 나 자신이 시험에 견디지 못하는 일이 없도록 하기 위한 것입니다.” 바울은 자신의 몸을 노예로 삼았기 때문에 누구에게나 노예가 될 수 있었다. 그는 자신의 몸을 쳐서 굴복시키고 노예로 삼았다. 때로 우리는 피곤하다고 말하면서 주님을 섬기는 것에서 빠져나올 구실을 찾는다. 그러나 우리는 주님의 권익을 위해 사람들을 접촉하도록 자신의 몸을 쳐서 노예로 삼아야 한다.

바울은 믿는 이들의 본임

우리는 자신이 어떻게 사도 바울과 비교될 수 있는지 의아해할지도 모른다. 그러나 디모데전서 1장 16절에서 바울은 죄인들의 우두머리인 자신이 구원받아 모든 믿는 이의 본이 되었다고 말한다. 이것은 바울이 한 것을 우리도 해야 함을 가리킨다. 그는 본이다. 우리가 바울과 같이 될 가능성이 없다면, 그의 말은 헛되며 이 절이 성경에 있어서는 안 된다. 그러나 바울은 하나님께서 그를 주 예수님을 믿는 모든 사람의 본으로 세우셨다고 분명하게 말한다. 오늘날 우리는 그리스도 안에 있는 믿는 이들이며, 따라서 모두가 바울과 같이 될 수 있다.

어떻게 활력적일 수 있는가? 우리는 경주를 해야 한다. 우리는 달리기 시작했는가? 만일 시작하지 않았다면, 활력 그룹은 우리 가운데서 공허한 말에 불과하다. 나는 우리 중 많은 사람을 동정한다. 나는 우리 중 어떤 사람은 장시간 일해야 하는 힘든 직업을 갖고 있음을 알고 있다. 그러나 자신을 지나치게 변명해서는 안 된다. 우리는 수고해야 한다. 온 땅의 모든 사람이 바쁘다. 우리는 올림픽 경기에 참가한 사람들과 같아야 한다. 자신을 훈련하고 자제하며 자신의 몸을 쳐서 노예로 삼아 복종시켜야 한다. 우리가 이러한 방식으로 달음질하지 않는다면, 나는 우리 가운데 활력 그룹이 있을 것이라고 믿지 않는다. 느슨하거나 게으르거나 성실하지 않은 사람들은 활력 그룹을 가질 수 없다.

사람들을 접촉하기를 실행함

이제부터 우리 모두는 사람들을 접촉하기를 실행함으로써 경주해야 한다. 이것은 쉬운 일이 아닌데, 그것은 우리에게 이러한 습관과 실행이 없기 때문이다. 우리의 타고난 존재는 바뀔 필요가 있다. 우리는 자신이 어떤 성격을 가지고 태어났다는 말로 변명해서는 안 된다. 우리는 어떤 성격을 가지고 태어났지만, 다시 태어났다. 우리에게는 두 번째 출생이 있었다. 우리는 거듭났다. 출생을 통해 우리는 옛 창조물이었지만, 거듭남을 통해 하나님께서 우리를 새 창조물이 되게 하셨다. 따라서 우리는 분명 새로운 사람들이다.

거듭난 후에 우리는 변화를 체험한다. 변화는 외적인 교정이나 조정이 아니라 내적이고 신진대사적인 바뀜이다. 우리 가운데 많은 이가 다른 사람들을 쉽게 접촉할 수 없는 사람으로 태어났다. 그런데 이 훈련은 우리에게 내적인 바뀜, 곧 변화를 요구한다. 우리는 이렇게 기도할 필요가 있다. “주님, 사람들을 접촉하는 문제에 있어서 제기 전환하게 해 주십시오. 저는 사람들을 접촉하는 것을 좋아하지 않습니다. 저는 초대를 받아 사람들을 접촉하는 것도 좋아하지 않고, 사람들을 초대하는 것도 좋아하지 않습니다. 저에게는 사람들을 접촉하기를 좋아하는 기질이 없습니다. 주님, 당신은 저에게 이런 역량이 없음을 알고 계십니다. 그러므로 주님, 당신께서 저를 변화시켜 주셔야 합니다.” 우리는 변화되기 위해 주님과 협력해야 한다.

나는 여러분에게 내일 아침부터 전화로 사람들을 접촉하도록 제안하고 싶다. 우리는 차를 몰고 집을 나서기 전에, 적어도 한 번은 누군가에게 전화를 걸 수 있을 것이다. 그럴 때 사람들을 접촉하고 알아 가며 관심을 갖는 습관이 세워지기 시작할 것이다.

우리는 또한 교회 집회, 특별히 주일 아침 집회가 시작되기 전과 끝난 후에 사람들을 접촉할 필요가 있다. 이때가 사람들을 접촉하기에 가장 좋을 것이다. 토요일에 우리는 어떤 형제에게 전화를 걸어서 이렇게 말할 수 있다. "형제님, 자주 형제님을 보았지만 이야기를 나눌 시간이 없었습니다. 내일 집회에 삼십 분 일찍 와서 이십 분 정도 교통을 나누면 어떨까요?" 이렇게 성도들을 접촉하는 것은 큰 도움이 된다.

주일 아침 집회가 끝난 이후도 사람들을 접촉하기에 좋은 시간이다. 나는 집회가 끝난 후에 많은 형제자매가 친숙한 지인들만 접촉하는 것을 목격했다. 그들은 집회에 참석한 새로운 사람들을 접촉하러 가지 않는다. 그러므로 새로운 사람들은 고아들처럼 버려진다. 집회 이전과 이후에 우리는 집회소 안에 친밀하고 다정한 분위기를 만들어야 한다. 새로운 사람들이 우리 가운데 들어올 때 따스한 관심과 친밀함을 느낄 수 있어야 한다. 집회에 처음 온 어떤 사람은 복음을 들어 본 적이 없거나 아직 주님을 믿지 않을지도 모른다. 그러나 그는 집회소의 성도들 가운데 있는 다정하고 친밀한 분위기에 깊은 인상을 받을 것이다.

이런 방식으로 성도들과 새로운 이들을 접촉하는 것은 우리가 집회에서 기능을 발휘하도록 돕는다. 이런 분위기는 우리가 더 쉽게 신언하게 해 준다. 내가 주일마다 오전 집회에 오지만 누구와도 접촉하지 않고 어느 누구도 나와 접촉하지 않는다고 하자. 그럴 때 모든 이의 얼굴이 나에게 차갑게 보인다. 나는 신언하려고, 즉 주님을 위해 말하려고 일어날 때 말을 하기가 어렵다. 왜냐하면 사람들이 아주 차갑게 보이기 때문이다. 그런 차가운 분위기에서 조금 말하고 나면 계속해서 말하기가 어려울 것이다. 그러나 모든 사람이 나와 매우 친하다면, 몇몇 사람은 내가 교통하는 동안 나를 보며 미소를 지을 것이다. 내가 주님을 위해 말할 때, 그들의 이런 미소가 "계속 말하십시오."라고 격려해 준다. 우리의 교회 집회 안에는 이런 분위기, 곧 진정으로 서로를 사랑하고 있음을 보여 주는 분위기가 반드시 있어야 한다. 사실상 우리는 형제들과 자매들과 부모들이 있는 다정하고 친밀한 대가족이다. 몇몇 나이 든 사람들은 주님 안에서 참으로 우리의 부모들이다(롬 16:13, 고전 4:15).

어떤 사람도 고립되는 것을 좋아하지 않는다. 우리 모두는 함께 무리를 짓는 것을 좋아한다. 그러나 인간 사회 가운데, 크게 격려하고 세워 주고 도와주면서 부패함 없이 서로 사랑하는 순수한 무리가 어디에 있는가? 모든 사람은 그런 무리와 함께하기를 원한다. 우리는 사람들을 접촉하기 시작할 때 그런 분위기를 만들 필요가 있다. 우리는 사람들에게 전화를 걸어서 주일 아침 집회에서 만나자고 약속할 수 있다. 우리는 이렇게 하도록 힘써야 한다.

우리는 또한 사람들을 우리의 가정에 초대하고 다른 사람들의 가정에 초대받도록 힘써야 한다. 다정하고 친밀한 방식으로 이것을 실행한다면 주님의 축복이 우리를 따라올 것이다. 어떤 형제가 매주 많은 초대를 받는다면, 그는 초대에 응할 수 없을지라도 이것에 의해 격려받고 기운이 날 것이다.

주님은 그분의 백성인 제자들에게 서로 사랑하라고 명령하셨다(요 13:34). 그분은 한 무리의 갈릴리 사람들을 함께 이끄셔서 삼 년 반 동안 날마다 그분을 따르게 하셨다. 그들은 자기 직업을 버리고 언제나 주 예수님을 좇았다. 주님은 그들을 함께 섞으셨다. 사도행전과 서신서에서, 우리는 초기의 사도들도 성도들 가운데서 동일한 종류의 섞임을 실행한 것을 볼 수 있다. 나는 우리가 함께 섞이도록 도울 부담이 있다. 우리는 세 가지 방식으로 이것을 실행할 수 있다. 즉 사람들에게 전화를 걸거나, 주일 아침에 사람들을 접촉하거나, 우리의 집에 사람들을 초대하고 우리가 그들의 집에 초대받는 것이다.

우리의 집에 사람들을 초대할 때는 풍성한 잔치를 마련할 필요가 없다. 간단한 식사만 준비하면 된다. 우리는 먹기 위해서가 아니라 섞이기 위해 함께 모인다. 함께 모일 때에는 주 예수님과 그분의 거룩한 말씀과 우리의 영적인 체험에 관해 이야기한다. 이렇게 접촉할 때 교회가 변혁될 것이다. 우리는 교회를 새롭게 전환할 것이다.

지난 장에서 우리는 새로운 세대를 얻으시려는 주님의 필요에 대해 말했다. 이 일은 기도만으로는 일어날 수 없고 사람들을 접촉해야만 일어날 수 있다. 여러분은 나를 접촉하고 나는 여러분을 접촉해야 하며, 우리 모두는 매일, 매주, 매달, 매년 서로를 접촉해야 한다. 서로 접촉할 때 우리는 집회를 하고 있는 것이다. 집회하는 것은 섞이는 것이고, 섞이는 것은 서로를 아는 것이다. 누구든지 주님의 양 떼를 목양하는 사람은 모든 양을 알고 있어야 한다.

우리는 사람들을 접촉하도록 훈련받을 필요가 있다. 어떤 형제가 주님께 매우 냉담하다면, 어떻게 해야 그를 불타게 할 수 있는가? 우리는 그를 집에 초대하거나 그를 방문하러 갈 수 있다. 어느 날 주님은 제자들의 발을 씻겨 주심으로 제자들을 끝까지 사랑하신다는 것을 보여 주시고(요 13:1), 이와 같이 그들도 서로 사랑 안에서 행하라고 분부하셨다(14, 34절). 오늘날 세상은 더러워서 우리 성도들이 쉽게 오염된다. 주님과의 그리고 서로 간의 즐거운 교통을 유지하려면, 씻겨 주시는 성령(딛 3:5)과 씻겨 주는 말씀(엡 5:26)의 영적인 발 씻김이 필요하다. 이것은 우리가 사랑 안에서 서로 접촉할 때 이루어질 수 있다. 우리가 사람들을 접촉하는 것은 형식적이거나 공식적이어서는 안 되며 모든 면에서 정상적이고 살아 있어야 한다.

어떤 성도들이 교회 집회에 오지 않는다면, 우리는 그들의 상황에 따라 일주일이나 한 달에 한 번 정기적으로 그들을 방문하기 시작할 수 있다. 우리가 발간한 복음지 몇 부를 그들에게 줄 수 있다. 어떤 문구나 단락을 그들에게 읽어 줄 수 있다. 이것은 그들을 분발시켜 그들에게 집회에 오려는 갈망을 줄 것이다. 사람들을 목양하는 많은 방법이 있다. 나의 요점은 다른 사람들을 접촉하는 습관을 세워야 한다는 것이다. 우리는 사람들을 접촉하는 일에서 제한받아서는 안 된다. 믿지 않는 친척과 지인을 방문할 부담이 있다면 우리는 그들을 방문해야 한다. 우리는 사람들을 접촉하는 이 한 가지 공과를 실행할 필요가 있다.

7

오늘날 주님의 회복 안의 필요는 사람들을 접촉하는 습관을 세우는 것임

The Need in the Lord's Recovery Today to Build Up the Habit of Contacting People

제7장
오늘날 주님의 회복 안의 필요는 사람들을 접촉하는 습관을 세우는 것임

성경: 요 21:15-17, 행 20:28, 벧전 5:1-2, 아 1:8

주님의 회복 안에 목자들이 필요함

우리는 사람들을 접촉하는 습관을 세워야 한다. 아가 1장 8절에서 주님은 그분을 따르는 이에게 이렇게 말씀하셨다. "양 떼의 발자취를 따라가다가 / 목자들의 천막 곁에서 / 그대의 어린 염소들을 먹이도록 하오." 이 절은 우리가 주님을 따라가야 한다는 것을 가리킨다. 우리는 주님을 따라가는 동안 몇몇 어린 사람들을 돌보아야 한다. 우리는 그들을 천막으로, 즉 목자들이 있고 하나님의 백성이 목자장과 함께 모이는 곳으로 이끌어야 한다.

생명에 대한 복음서인 요한복음 역시 목양의 필요에 대해 말하고 있다. 요한복음은 20장 끝에서 사실상 결론을 내리지만, 이어서 21장이 부록으로 있다. 이 부록의 주된 내용은 주 예수님께서 베드로를 목양하시는 데 시간을 보내신 것이다. 베드로는 커다란 패배를 당했다. 시간상 요한복음 21장 직전에 그는 주님께 자신 있게 이렇게 말씀드렸다. "주님, 모든 사람이 당신을 버릴지 모르지만, 나는 버리지 않을 것입니다. 나는 끝까지 당신을 따를 것입니다." 그때 주님은 그에게 "내가 진실로 그대에게 말합니다. 오늘 밤 닭 울기 전에, 그대가 세 번 나를 부인할 것입니다."(마 26:34)라고 말씀하셨다. 베드로는 "내가 주님과 함께 죽을지라도, 결코 주님을 부인하지 않겠습니다."(마 26:35)라고 대답했다. 그때 베드로는 자신이 주님을 부인하리라고 믿지 않았음에 틀림없다. 그 밤에 처절한 실패를 경험한 후에 베드로는 슬피 울었다(마 26:75).

주 예수님께서 부활하셨을 때 베드로가 어떻게 그분을 다시 뵐 수 있었겠는가? 주님을 부인한 이후의 날들은 틀림없이 베드로에게 힘든 시기였을 것이다. 주님께서 이 땅에서 삼 년 반 동안 사역하시는 내내 베드로는 제자들 가운데 앞장섰다. 그러나 그는 커다란 실패를 겪었다. 그는 심지어 어린 하녀 앞에서 주님을 부인했다(마 26:69-70). 주님은 베드로가 침체되어 있다는 것을 분명 알고 계셨다. 베드로는 실패한 후에, 생계를 위해 고기 잡는 옛 직업으로 되돌아가는 데 앞장섰다(요 21:3).

주님은 베드로를 회복시키실 때, 한 양 떼를 얻고자 하는 그분의 갈망을 상기시켜 주셨다. 베드로전서 5장 4절에서 베드로는 주 예수님을 '목자장'이라고 부른다. 히브리서 13장 20절은 그리스도께서 큰 목자이시라고 말하며, 요한복음 10장 11절에서 주님은 자신이 선한 목자라고 직접 말씀하셨다. 이와 같이 그분은 목자장이시고 큰 목자이시며 선한 목자이시다. 베드로전서 2장 25절은 이러한 목자장께서 우리 혼의 목자이시라고 말한다. 혼은 우리의 내적 존재, 곧 우리의 실제 인격이다. 우리 주님은 주로 우리의 내적 존재의 유익을 돌보시고 우리의 실제 인격의 상태를 감독하심으로 우리를 목양하신다. 그러나 주 예수님 혼자서 이토록 많은 양 떼를 목양하실 수 있다고 생각하는가? 그분께서 목자장이시므로 그분 아래에는 틀림없이 한 무리의 목자들이 있을 것이다. 우리는 양 떼만이 아니라 목자들의 무리이기도 하다.

주님께서 그분을 사랑하는지를 물어보실 때, 베드로는 "주님, 그렇습니다. 내가 주님을 사랑하는 줄을 주님께서 아십니다."라고 대답했다(요 21:15-16). 주님께서 이렇게 세 번 물으신 후에 베드로는 다만 이렇게 말할 수밖에 없었다. "주님, 주님께서 모든 것을 아십니다. 내가 주님을 사랑하는 줄을 주님께서 아십니다."(요 21:17) 베드로가 세 번 대답했을 때, 주님은 각각의 대답에 대해 "내 어린양들을 먹이십시오. … 내 양들을 목양하십시오. … 내 양들을 먹이십시오."(요 21:15-17)라고 말씀하셨다. 의심할 바 없이, 이것은 베드로에게 결코 잊어버릴 수 없는 강한 인상을 주었다. 이것이 베드로가 그의 첫 번째 서신에서 목양하는 문제를 다룬 이유이다. 베드로는 그리스도께서 목자장이시고 자신은 목자장 아래 있는 많은 목자들 중 하나라고 우리에게 말한다. 바로 이것이 요한복음 21장에서 주님께서 베드로를 회복시키실 때 그가 체험한 것이었다.

어떤 사람들은 요한복음 21장에서 주 예수님께서 바닷가에 가신 이유가 제자들이 먹을 음식을 얻도록 얼마간의 물고기를 잡게 해 주시려는 것이었다고 생각할지도 모른다. 그러나 베드로는 이것이 주님의 의도가 아님을 깨달았다. 주님의 의도는 베드로를 만지는 것, 곧 그의 혼을 목양하는 것이었다. 그때 그의 혼은 참으로 고통스러워하고 있었다. 그의 혼은 주님을 부인한 후에 기뻐할 수 없었다. 제자들은 백쉰세 마리의 물고기를 잡았지만(요 21:11), 베드로는 자신의 실패 때문에 그것에 주의를 기울이지 않았다. 주님은 이것을 아셨기 때문에 베드로의 혼을 목양하셨다. 이후에 베드로는 자신이 목자들 가운데 하나라고 말하면서, 동료 장로들에게 하나님의 양 떼를 목양하라고 권면한다(벧전 5:1-3).

이제 나는 여러분과 함께 오늘날 교회에게 필요한 것이 무엇인지 살펴보려고 한다. 가장 큰 결핍, 가장 큰 부족은 장로 직분과 관련되는데, 그것은 장로들이 하나님의 백성 가운데 목자들이 되어야 하기 때문이다. 장로들이 없기 때문에 주님의 양 떼 가운데 대부분이 방황하고 있다. 수

많은 그리스도인이 광야에서 방황하고 있다. 누가 그들을 돌보고 있는가? 그들은 어떤 목양도 받지 못한다. 몇몇 목자들이 있지만, 그들은 주로 외적인 일들에 전념할 뿐 사람들의 혼을 목양하지 않는다.

과거에 우리는 사람들의 영을 목양해야 한다고 생각했을지도 모른다. 우리는 사람의 영을 강조하고 사람들에게 혼을 거절하라고 말한다. 그러나 우리는 성도들의 문제가 그들의 혼에 있음을 깨달을 필요가 있다. 우리는 그들의 영이 강하다면 아무 문제가 없을 것이라고 느낄지도 모른다. 그러나 그들의 혼 안에 많은 문제가 있다면 어떻게 그들의 영이 강해질 수 있겠는가? 그러므로 우리는 그들의 혼을 목양하는 법, 즉 그들의 혼을 만지는 법을 배워야 한다. 오늘날 이 땅에는 혼 안에 문제가 없는 사람이 하나도 없다. 이런 이유로 나는 주님께서 우리의 혼을 목양하실 길을 얻으실 수 있도록 우리 자신을 동료 형제자매들에게 활짝 열라고 격려하는 것이다. 우리에게는 이런 종류의 목양이 필요하다.

미국에서의 주님의 회복은 목양 없이는 더 이상 전진할 수 없는 지점에 이르렀다. 우리가 주님을 위해 불탈 정도로 뜨겁다면 사람들을 접촉해야 한다는 부담을 취할 것이다. 다른 사람들을 어떻게 접촉해야 할지 모른다 해도 우리는 행함으로써 배울 것이다. 나는 무디(D. L. Moody)에 관한 이야기를 절대로 잊을 수 없다. 언젠가 그는 매일 적어도 한 사람에게 복음을 전하겠다고 서원하였다. 어느 날 자정이 가까운 매우 늦은 시간에 잠자리에 들려고 할 때, 그는 그날 아무에게도 복음을 전하지 않았다는 것이 기억났다. 그는 그날이 지나가기 전에 복음을 전해야 한다는 생각에 누군가를 찾아보려고 거리로 나갔다. 그는 한 경찰관을 발견하여 그에게 주님을 믿으라고 권하였다. 그 경찰관은 화를 내며 그를 꾸짖었고 무디는 서둘러 집으로 돌아왔다. 그런데 며칠 후에 그 경찰관은 구원을 받았다. 무디는 그런 서원을 했기 때문에 사람들을 접촉하는 습관을 세웠다. 우리도 이와 같아야 한다. 오늘날 주님은 그분의 양 떼들을 목양할 목자들의 무리가 필요하시다. 우리 모두가 사람들을 접촉할 부담을 가진 목자들이 되어야 한다.

주님의 백성이 각처에 뿔뿔이 흩어져 있는 것은 목양이 없기 때문이다. 우리는 목양이 사람들에 대한 우리의 관심에서 시작되어서는 안 됨을 깨달아야 한다. 요한복음 21장은 우리의 목양이 그리스도에 대한 우리의 사랑에서 시작되어야 함을 계시한다. 우리가 사람들을 접촉하기를 갈망하는 것은 우리 자신이 그분을 사랑하며, 또한 그분께서 사람들을 사랑하신다는 것을 알기 때문이다. 우리가 밖으로 나가 그분의 양 떼를 목양하는 것만큼 주님을 기쁘시게 하는 일은 없다. 우리가 사람들을 규칙적으로 접촉한다면 틀림없이 기뻐하게 될 것인데, 그것은 주님께서 기뻐하시기 때문이다.

목양은 우리의 목적에서 시작되어서는 안 된다. 목양은 우리가 주님을 사랑하는 것에서 시작되어야 한다. 주님은 베드로에게 그분을 사랑하는지를 물으셨다. 베드로가 "주님, 그렇습니다. 주님께서 아십니다."라고 대답했을 때, 주님은 베드로에게 그분의 어린양들을 먹이라고 말씀하셨다. 주님은 다시 베드로에게 그분을 사랑하는지를 물으셨다. 베드로가 "주님, 그렇습니다. 주님께서 아십니다."라고 말씀드리자, 주님은 그분의 양들을 목양하라고 말씀하셨다. 주님은 세 번째로 베드로에게 그분을 사랑하는지를 물으셨다. 베드로가 다시 "주님, 주님께서 아십니다."라고 말씀드리자, 주님은 그분의 양들을 먹이라고 말씀하셨다. 베드로는 주님을 세 번 실망시켰고, 주님은 그분을 사랑하는지를 세 번 물으셨다. 주님께서 베드로에게 이렇게 말씀하신 것은 자신의 실패를 잊어버리고 주님의 어린양들과 양들을 돌보아야 한다는 것을 지적해 주었다.

오늘날 회복 안에 필요한 것은 우리가 일어나 다른 사람들을 목양하는 것이다. 우리는 자기 연령대의 사람들을 접촉할 필요가 있다. 내가 십대의 젊은이들을 접촉하려고 한다면 그들은 달아나 버릴 것이다. 그러나 우리 젊은이들이 다른 젊은이들을 접촉하러 나간다면 아무도 달아나지 않을 것이다. 우리가 캠퍼스에 나이 든 사람들을 보낸다면 젊은 학생들을 접촉하기가 어려울 것이다. 나는 우리 가운데 있는 젊은이들을 격려하기 위해 이것을 교통하고 있다. 자신이 너무 어리다고 말하지 말라. 나이가 어린 것은 놀라운 것이다. 왜냐하면 다른 젊은이들을 접촉할 길을 주기 때문이다.

오늘날 교회의 필요는 목양이다. 나는 오늘날 주님의 회복의 필요가 사람들을 접촉하러 일어나는 것임을 깨닫도록 여러분을 분발시키려는 부담이 있다. 우리는 습관을 세워야 한다. 사람들을 접촉하지 않는다면 만족이 없을 것이다. 우리는 심지어 주님의 사랑에 '중독되어' 그분의 백성을 돌보아야 한다.

나는 여러분에게 모든 지인의 명단을 작성하라고 상기시켜 주고 싶다. 우리는 많은 사람을 알지 못한다고 생각할 수도 있다. 그러나 명단을 작성해 본다면, 아는 사람이 백 명이 넘는다는 것을 발견할지도 모른다. 우리는 이 이름들을 두고 기도하며 누구를 접촉할지에 대해 주님의 인도를 구해야 한다. 누군가를 접촉할 때 종종 그가 합당하지 않은 사람이라는 느낌이 들지도 모른다. 그러나 나의 체험에 따르면 어떤 접촉도 잘못된 것이 아니다. 합당하지 않은 물고기를 잡았다고 말하지 말라. 우리에게 낚였다면 어떤 물고기도 합당하지 않은 물고기가 아니다. 합당하지 않은 유일한 것은 우리가 사람들을 접촉하지 않는 것이다. 우리는 어떤 사람이 너무 교만하기 때문에 합당하지 않은 사람이라고 느낄지도 모른다. 그러나 우리는 자신을 점검해 보아야 한다. 우리는 교만하지 않은가? 이 땅에서 누가 교만하지 않은가? 심지어 어린아이조차 교만하게 되는 법을 알고 있다. 우리가 가장 훌륭한 사람들, 완전한 사람들을 접촉하려고 기다린다면, 접촉할 사람이 한 사람도 없을 것이다. 아무도 접촉하지 않는 것은 잘못된 것이다. 심지어 자정이 가까운 시간에 무디가 접촉한 경찰관은 올바른 사람이었다.

또한 조지 뮐러의 자서전을 통해, 우리가 일생 동안 어떤 사람을 지속적으로 접촉한다면 주 예수님을 믿지 않을 사람이 하나도 없을 것임을 볼 수 있다. 조지 뮐러는 많은 복음 대상자들을 위해 기도했다. 그가 주님 품으로 갔을 때 한 사람을 제외하고 그들 모두가 구원받았다. 결국에는 그 한 사람까지도 구원받았다. 이것이 내가 우리에게 인내가 필요하다고 말하는 이유이다. 우리는 항상 네다섯 명을 보살피기 위해 노력해야 한다. 우리는 주님을 추구해야 한다는 느낌이 전혀 없는 누군가를 접촉하도록 인도받을지도 모른다. 그래도 우리는 규칙적으로 그를 계속 접촉해야 한다. 오 년 후에, 주 예수님에 대해 흥미를 갖게 하는 '물결'이 그 사람에게 밀려올 것이다. 우리는 봄에 누군가를 접촉할 수도 있다. 그런데 그는 주님에 대해 전혀 마음이 없을지도 모른다. 그러나 반년 후에는 주님을 갈망하게 하는 물결이 그에게 밀려올 것이다.

나는 이런 방식으로 구원받았다. 나는 기독교 안에서 자랐지만 열아홉 살이 되기까지 주 예수님을 믿지 않았다. 누나는 주님을 사랑했고 나를 위해 기도했다. 누나는 어떤 중국인 목사에게 나를 소개했다. 그 목사는 여러 달 동안 일주일에 한 번씩 나를 만나러 왔다. 그는 단순하게 "일요일에 우리 교회에 오세요."라고 말하곤 했다. 나는 머리만 끄덕일 뿐 가지 않았다. 결국 새해 둘째 날에, 나는 '중국독립교회' 즉 나를 방문하러 오던 목사의 교회에 가 보기로 갑자기 결정했다. 이 일을 계기로 나는 합당한 복음 전파를 듣고 구원받았다.

고린도전서 15장 58절에서 사도 바울은 그리스도를 위한 우리의 수고가 결코 헛되지 않을 것이라고 말했는데, 이것은 놀라운 것이 아니다. 성경 또한 우리가 씨를 뿌리고 다른 이들이 거둘 수 있으며, 다른 이들이 뿌리고 우리가 거둘 수 있다고 말한다(요 4:37-38). 오직 주님만이 누구의 공적인지 아신다. 그러므로 우리는 부담을 가져야 하고 사람들을 접촉하는 습관을 세워야 한다. 우리는 매일 사람들을 접촉해야 한다. 나는 열매를 빨리 거두기를 기대하지 말라고 이미 여러분에게 말했다. 급하게 산출된 열매는 어떤 것이든 인공적이다. 조화는 하룻밤 사이에 생산될 수 있지만 생화는 자라서 꽃이 피려면 수개월이 걸린다.

신약의 가르침에 따르면, 믿는 이들의 첫 번째 부담 곧 첫 번째 책임은 사람들을 얻는 것이다. 요한복음은 생명에 관한 책이다. 15장에서는, 생명이신 주님께서 우리가 그분의 가지들이라고 말씀하셨다(5절). 가지의 일과 직업과 책임은 열매를 맺는 것이다. 우리는 그분 안에 거할 때 열매를 맺는다. 그분 안에 거하는 것은 그분을 누리는 것을 의미한다. 우리가 열매를 맺지 못한다면 농부이신 아버지께서 우리를 잘라 내실 것이다(요 15:2). 그때 우리는 그리스도를 누리는 위치를 잃어버릴 것이다. 그리스도 안에 거하는 그리스도인들이 매우 적은 이유는 열매를 맺지 못하기 때문이다. 그리스도에 대한 우리의 누림을 회복하는 길은 열매를 맺는 것이다. 우리가 부흥되지 못했다면 일이 주 동안 사람들을 접촉하러 가라. 그러면 부흥될 수 있다.

사람들을 접촉하는
몇 가지 실지적인 지침

먼저 우리는 부담을 취해야 하고 사람들을 접촉하겠다는 분명한 결심을 해야 한다. 우리는 사람들을 접촉하는 새로운 습관을 세워야 한다. 우리는 은행이나 슈퍼마켓이나 길거리나 어느 곳에서나 사람들을 접촉하는 것을 습관이 되기까지 실행할 필요가 있다. 우리 가운데 많은 이가 사람들을 접촉하는 데 익숙하지 않음을 발견했을 것이다. 우리는 길거리에서 사람들이 접근해 오는 것을 보면 그들을 외면할지도 모른다. 그러나 우리는 언제든지 기회를 잡아서 사람들에게 말해야 한다. 우리는 항상 주머니에 복음지를 휴대해야 한다. 그러면 접촉하는 사람들에게 그것을 줄 수 있다.

우리는 사람들을 방문하러 갈 때 합당하게 처신하기를 배워야 한다. 사람들을 방문하러 나가기 전에는 합당한 외양을 갖추는 데 적절한 옷을 입었는지 확인해야 한다. 우리가 말하는 방식과 몸짓도 주님께 조정받을 필요가 있다. 그래야 사람들의 마음을 움직일 수 있다. 우리는 어떤 것도 느슨해서는 안 된다. 사람들을 합당하게 접촉하는 것은 쉬운 일이 아니다.

우리가 접촉하는 사람의 마음이 열리기까지 계속 기다리라. 그의 말을 들어 주는 것은 언제나 도움이 된다. 결국 그는 우리가 설교자가 아니라 단지 그리스도인이며 주 예수님을 사랑한다는 것을 알게 될 것이다. 그가 우리에게 어떻게 반응하는지를 보기 위해 계속 기다리라. 우리는 적절한 때를 찾아서 소책자 〈인생의 비밀〉의 몇 단락을 그와 함께 읽을 수도 있다. 혹은 "하나님"이라는 제목의 복음지를 그에게 건네주는 것이 더 좋다고 느낄 수도 있다. 복음지들의 내용을 새로운 사람들 안에 넣어 주려면 먼저 우리가 그 내용을 잘 알아야 한다. 우리는 효과적으로 사람들을 돌보기 위해 많은 것을 배워야 한다.

또한 우리는 절대로 사람들과 변론하거나 논쟁하지 않기를 배워야 한다. 변론과 논쟁은 어떤 것도 이루어 내지 못한다. 그러나 한편으로는 너무 성급하게 사람들에게 동의하거나 사람들이 하는 말에 무작정 동의해서는 안 된다. 그러면 사람들은 우리를 '예스맨(yes man)'이라고 생각할지도 모른다. 우리는 사람들에게 신중함을 보여 주어야 한다. 우리가 느슨하지도 않고 경솔하지도 않을 때 말에 무게가 더해질 것이다. 그러지 않으면 상대방은 우리의 말을 진지함과 무게가 없는 가벼운 말로 여길 수 있다.

우리는 어떤 일을 급하게 하고 있는 사람에게 접근할 수도 있다. 우리가 그 상황을 알아챘다면, 앉아서 그의 시간을 빼앗아서는 안 된다. 잠깐 말할 기회를 잡아 그에게 복음지를 건네주라. 그런 다음 우리는 이렇게 말할 수 있다. "이것이 당신에게 구주이신 예수 그리스도를 알도록 도와줄 것입니다. 안녕히 계십시오." 이것으로 충분하다. 그는 서둘러 그곳을 떠나려고 하기 때문에 우리가 복음지를 준 것을 고맙게 여길 것이다. 그때 우리가 그의 옆에 앉으려 한다면, 그를 성가시게 하고 심지어 그의 감정을 상하게 할 것이다. 또 다른 경우 우리는 어떤 사람이 시간을 낼 수 있음을 알게 될지도 모른다. 그때 우리는 십오 분이나 삼십 분 정도 앉아서 그에게 천천히 그리고 차근차근 이야기할 수 있다.

사람들을 접촉할 때 약속을 잡는 것은 언제나 도움이 된다. 그러나 이것은 우리가 약속을 잡아야 사람들을 접촉할 수 있다는 의미가 아니다. 우리는 어느 때든 사람들에게 이야기해야 한다. 주님 자신이 우리가 사람들을 접촉하러 나가는 요인과 이유와 목적이시다. 그분은 우리가 하는 것을 존중하실 것이며 오늘날 우리 안에 그 영으로 계신다. 우리는 사람들을 접촉하러 갈 때 주님께서 우리와 함께 가신다는 것을 믿어야 한다. 우리가 말하는 것이 곧 그분께서 말씀하시는 것이다. 우리는 사람들 안으로 그분을 말해 넣는다. 우리가 다른 사람들에게 그리스도를 공급하고 있음을 절대로 잊지 말아야 한다. 우리는 사람들에게 하나님 곧 살아 계신 하나님을 전달해 주고 있음을 절대로 잊지 말아야 한다. 어떤 사람과 단 일분 동안 말할지라도 여전히 그에게 그리스도를 공급하고 하나님을 전달해 주어야 한다.

우리가 배워야 할 더욱 중요한 한 가지는, 누군가에게 함께 기도하자고 요청하기에 적절한 시점이 언제인지를 아는 것이다. 이것은 음식을 요리하는 것에 비유할 수 있다. 우리는 언제 요리를 멈추어야 하는지를 알고 있어야 한다. 그러지 않으면, 요리가 설익거나 너무 익어 버려서 망쳐질 수 있다. 모든 훌륭한 요리사는 요리하는 것을 언제 멈출지를 안다. 한번은 무디가 대규모 복음 집회 후에 어떤 믿지 않는 사람을 접촉했다. 그 사람이 막 기도하려고 하는 결정적인 순간에 어떤 이가 들어왔다. 밖에는 비가 내렸고 그는 우산을 가지고 들어왔다. 그는 우산으로 시끄러운 소리를 냈고, 기도하려던 사람의 주의가 산만해졌다. 이렇게 주의가 산만해지자 그 사람은 주님을 받아들이는 기도를 하려고 하지 않았다. 이것은 적절한 시점에 사람들과 기도하는 것이 얼마나 중요한지를 보여 준다.

주님을 접촉하는 것은 전기를 가설하는 것에 비유될 수 있다. 어떤 집에 모든 전선이 갖추어져 있을지라도, 그 전선들이 올바로 연결되어 있지 않으면 집 안에 전류가 흐를 수 없다. 사람들을 접촉하는 것은 전기가 들어올 수 있도록 전선들을 연결하는 것과 같다. 우리 모두는 복음 대상자들과 너무 적게 혹은 너무 많이 이야기하지 않기를 배워야 한다. 사람들을 접촉하기를 훈련할 때, 우리는 이 모든 것을 배우려는 마음이 있어야 한다. 지금 우리에게 필요한 것은 더 많은 교리가 아니라 실행이다. 일반적인 방식이 아니라 실지적인 방식으로 사람들을 접촉하기를 배워야 한다.

우리는 다른 사람들을 접촉할 때 많은 실수를 하겠지만, 때로 우리의 실수까지도 주님의 목적을 이룬다는 것을 깨달을 필요가 있다. 우리가 어떤 것도 하지 않는다면 결코 주님의 목적을 이룰 수 없다. 비록 우리가 잘못되어 있더라도 그분은 여전히 우리를 축복하실지도 모른다. 더욱이 우리 모두는 실지적이 되기를 배워야 한다. 누군가와 이야기하고 있는 동안 우리는 그가 어떤 종류의 사람이고 무엇이 필요한지를 감지해야 한다. 그럴 때 우리는 그에게 반응하면서, 그의 구체적인 필요를 채우는 무언가를 줄 수 있다. 사람들을 접촉할 때 항상 우리에게는 그들을 지속적으로 접촉하려는 목표가 있어야 한다.

또한 우리는 시간을 헛되이 낭비하지 않기를 배워야 한다. 누군가를 접촉할 때, 우리는 이 사람을 지속적으로 접촉할 대상으로 삼아야 하는지를 항상 분별해야 한다. 사람들을 저녁 식사에 초대하는 것은 좋은 일이다. 그러나 이것을 너무 급하게 하거나 너무 일찍 해서는 안 된다. 누군가를 여러 차례 접촉하고 나면, 그를 집에 초대하거나 그에게 초대받을 적기를 깨달을 수 있다. 우리는 누구를 접촉하든지 가볍거나 느슨한 방식으로 접촉해서는 안 된다.

더욱이 우리는 접촉하는 사람들을 위해 항상 기도해야 한다. 기도할 시간이 없다고 하지 말라. 우리가 정말로 바쁠지라도, 현관문을 나서서 걸어가는 동안 여전히 이렇게 기도할 수 있다. "주님, 오늘 합당한 사람을 만나도록 저를 도와주십시오." 일하러 가기 위해 자동차를 운전하고 있을 때 우리는 계속해서 기도할 수 있다. 이것은 틀에 박힌 기도가 아닌 참된 기도이다. 기도하기 위해 정해진 시간을 갖는 것은 확실히 좋지만, 현관문을 나서서 걸어가는 동안이나 일하러 가기 위해 자동차를 운전하는 동안 기도하는 것이 훨씬 더 효과적일 수 있다. 우리는 어디에 있든지 거기에서 기도할 수 있다. 우리가 접촉하는 모든 사람을 주님 앞에서 기억하고 그들을 위해 기도하라.

8

“잠자는 이여, 깨어서
죽은 이들 가운데서 일어나라.
그리스도께서 너에게
빛을 비추실 것이다.”

Awake, Sleeper, and Arise from the Dead,
and Christ Will Shine on You

제8장

"잠자는 이여, 깨어서 죽은 이들 가운데서 일어나라. 그리스도께서 너에게 빛을 비추실 것이다."

성경: 엡 5:14

이 장에서 나는 우리가 에베소서 5장 14절에 주의를 기울이기 바란다. 이 절은 "잠자는 이여, 깨어서 죽은 이들 가운데서 일어나라. 그리스도께서 너에게 빛을 비추실 것이다."라고 말한다. 나는 활력 그룹의 실행에 관한 많은 메시지를 전했지만 아직 부담을 내려놓지 못했다. 말씀하시는 그 영은 매우 예리하시다. 그분은 우리보다 훨씬 잘 알고 계신다. 주님을 위해 말하는 이들에게는 언제나 이런 종류의 체험이 있다. 우리는 우리가 교통한 것과 들은 것을 좋다고 느낄지 모르지만, 말씀하시는 그 영은 "아니다. 아직 부담을 내려놓지 못했다."라고 말씀하신다.

어떤 집을 불태우려면 최적 지점을 찾아내야 한다. 그러지 않으면 그 집을 불태울 수 없다. 여러분이 그 지점에 휘발유를 조금만 뿌리고 불을 붙여도 집 전체가 불타게 될 것이다. 이와 마찬가지로, 주님을 위해 계속해서 불타려면 즉 계속해서 활력화되려면 최적 지점으로 돌아가야 한다.

이 장에서 나는 활력 그룹의 뿌리로 돌아가고자 한다. 우리가 활력 그룹을 실행하기 시작했는지는 이 뿌리를 체험했는지에 달려 있다. 나는 활력 그룹을 참되게 시작한 사람이 많지 않을까 봐 깊이 염려된다. 그 대신 여러분은 활력 그룹에 대한 가르침을 외적인 방식으로 취하여 실행에 옮기려고 애쓸지도 모른다. 그러나 그것은 올바르지도 않고 통하지도 않는다.

주님의 빛 비춤을 받기 위해 그분께 나아감

처음부터 나는 여러분이 활력 그룹을 형성해서는 안 된다고 지적하였다. 우리는 그룹을 형성하는 것이 아니라 산출해야 한다. 어떻게 그룹을 산출하는가? 운동의 방식이나 선전의 방식으로 해서는 안 된다. 활력 그룹을 산출하는 길은 우리 자신이 주님께 나아가는 것이다. 우리는 자신이 낡아 있고, 죽어 있고, 미지근하고, 열매가 없고, 가련하고, 아무 느낌도 없이 마비되어 있음을 알기 때문에 어떤 부담을 가질 것이다. 이것이 우리가 회개하기 위해 주님께 나아가는 이유가 되어야 한다. 이것이 활력 그룹의 시작점이다. 내가 거듭 말하는데, 주님께 나아가라. 스스로 주님께 나아가지 않으면 우리가 하는 것은 아무 의미가 없다.

우리는 활력 그룹에 관한 교통을 통해 다소 도움을 얻을 수 있겠지만, 이는 주님께서 원하시는 것이 아니다. 주님께서 원하시는 것은 우리가 자신의 필요를 깨달음으로 새롭게 시작하는 것이다. 우리는 활력화되기를 갈망하면서도 자신에게 어떤 필요가 있는지를 느끼지 못할 수 있다. 이 세상 사람들을 깊이 생각해 보라. 그들은 주님이 필요하면서도 한 사람도 그것을 깨닫지 못하고 있다. 그러므로 우리가 복음을 전하러 가서 그들의 마음을 분발시키고 그들의 눈을 열어 무언가를 보게 해야 한다. 그럴 때 그들은 속에서부터 자신에게 주님이 필요함을 깨닫게 된다. 첫 번째로 그들에게 지적해 주어야 할 것은 주님을 접촉해야 한다는 것이다. 그들이 이렇게 할 마음이 없을지라도 그들에게는 여전히 이것이 필요하다. 우리도 마찬가지이다. 우리는 자신에게 무언가가 필요하다고 느끼지 못할 수도 있지만 분명 어떤 필요가 있다. 우리는 반드시 주님께 나아가야 한다. 그분은 우리에게 참된 시작을 줄 수 있는 근원이시다.

여러분이 그분께 한 번 나아갔지만 아무 일도 일어나지 않을 수 있다. 심지어 스무 번을 나아가도 아무 일도 일어나지 않을 수 있다. 이 때문에 여러분은 낙담할지도 모른다. 그러나 체험을 통해 우리가 말할 수 있는 것은, 주님께 계속 나아간다면 주님께서 조만간 빛을 비추어 주신다는 것이다. 그분은 빛이시다(요일 1:5). 그분께 나아가라. 그러면 빛이 비칠 것이다. 오늘은 빛이 비치지 않을지 모르지만 내일은 비칠 것이다. 성경 전체에 걸쳐 주님께 나아오라는 부름이 있다(요 7:37, 사 2:5, 55:1, 마 11:28). 심지어 성경의 끝에도 모든 목마른 사람은 주님께 나아오라는 부름이 있다(계 22:17). 우리는 반드시 그분께 나아가 그분을 접촉해야 한다. 나는 여러분에게 빛을 비추어 줄 수 없다. 하나님 자신만이 여러분에게 빛을 비추어 주실 수 있다. 여러분은 반드시 그분께 나아가야 한다.

주님은 우리가 계속 전진할 수 있는 유일한 길이 그분의 말씀으로 돌아가는 것임을 보여 주셨다. 주님의 말씀에 따르면 주님은 신약에서 우리가 취해야 할 길을 정해 놓으셨다. 주님은 우리가 이 길을 형식이나 의식으로 취해서는 안 된다는 것을 보여 주셨다. 그렇게 한다면 옛 의식을 버리고 새 의식을 취하는 것일 뿐이다. 여러분은 낡은 관례는 미워하지만 새로운 관례는 사랑한다. 우리는 또 다른 관례를 취하기를 원하지 않는다. 이것이 주님께 직접 나아가야 하는 이유이다.

나는 여러분이 동반자를 얻어야 한다고 말해 왔다. 그러나 주님께 나아가기 전에 동반자를 얻으러 가서는 안 된다. 우리는 주님께서 빛을 비추시고 우리를 밝혀 주실 때까지 계속 주님께 나아가야 한다. 이와 같이 시작해야 한다. 그럴 때 우리는 자신이 어디에 있는지, 자신이 어떤 사람

8. "잠자는 이여, 깨어서 죽은 이들 가운데서 일어나라. 그리스도께서 너에게 빛을 비추실 것이다."

인지를 완전히 깨닫게 되어, 자연스레 "주님, 저는 죽어 있습니다."라고 말씀드리며 회개하기 시작할 것이다. 우리가 자신이 죽어 있다고 말씀드리는 동안 주님은 이렇게 말씀하실 것이다. "네가 죽어 있는 것은 죄가 가득하기 때문이다. 네가 죽어 있는 것은 너의 더러움과 불결함 때문이다." 주님은 빛을 비추셔서, 우리 자신이 쓰레기가 가득한 땅속에 묻혀 있는 사람과 같음을 보여 주실 것이다. 우리는 주님께 철저하고 자세히 자백함으로 그곳에서 나와야 한다. 그럴 때 우리는 용서받고 씻어지고 해방되어 깊은 타락에서 벗어날 수 있다. 이런 철저한 회개와 자백을 통해 여러분은 주님과의 친밀한 교통 안으로 이끌릴 것이다. 여러분은 이렇게 활력 그룹을 시작해야 한다.

이렇게 시작했다면 그다음으로는 동반자를 얻을 필요가 있다. 우리는 동반자를 얻으러 가기 전에 기도해야 한다. 이 일을 성급하게 하지 말라. 성급하게 동반자를 얻으려 한다면 참된 동반자를 얻지 못할 것이다. 우리는 이렇게 기도해야 한다. "주님, 저에게 누군가를 동반자로 주시거나 누군가를 보내 주십시오. 주님, 저를 인도해 주십시오. 당신께서 선택하신 사람과 접촉할 수 있도록 저를 이끌어 주십시오." 하나님께서 정하신 길에서 우리가 하는 모든 일은 항상 기도에 의해 이루어지는 것이지 우리가 시작하거나 활동함으로 이루어지는 것이 아니다. 짧은 시간 안에 동반자를 얻을 수 있다고 생각하지 말라. 우리는 기도에 더 많은 시간을 보낼 필요가 있다. 단 한 번의 만남으로 동반자를 얻을 수 있다고 믿지 말라.

살아 있는 모든 것, 즉 생명이 있는 모든 것은 산출되는 데 언제나 시간이 걸린다. 어린아이가 태어나려면 잉태된 날부터 아홉 달의 기간이 필요하다. 땅에 씨를 뿌려도 그다음 날에 곧바로 씨가 자라지는 않는다. 어떤 것이든 하룻밤 사이에 산출된 것은 인공적이다. 씨를 뿌린 후에 땅에서 무언가가 돋아나려면 한동안 기다려야 한다.

나는 아직 여러분이 활력 그룹을 뿌리에서 시작하지 못했을까 봐 참으로 염려된다. 활력 그룹은 아직 시작되지 않았다. 왜냐하면 혼자서 뿌리에서 시작하려는 사람이 없었기 때문이다. 어떤 아내도 이 문제에서 남편을 도울 수 없고 어떤 남편도 아내를 도울 수 없다. 누군가가 우리를 도와주리라고 기대하지 말라. 오직 주님만이 우리를 도우실 수 있다. 홀로 주님께 직접 나아가야 한다.

나는 우리 각 사람이 하나님에게서 완전히 빛 비춤 받는 것을 보기 원한다. 우리는 그분께 나아가야 한다. 그분에게서 빛 비춤을 받지 못했을지라도 여전히 그분께 나아가야 한다. 주님이 우리의 시작을 위한 참된 근원이시다. 그분께 거듭하여 나아간다면 그분께서 우리에게 빛을 비추실 것이다. 그분께서 우리를 밝혀 주실 것이다. 그분께서 우리를 빛 안으로 이끄실 것이다. 그분께서 우리를 철저히 드러내실 것이다. 그때 우리는 철저히 회개하며 심지어 주님 앞에서 울게 될 것이다. 우리는 주님께 이렇게 말씀드릴 것이다. "주님, 저는 아주 더럽고 죄가 가득합니다. 저는 썩어서 부패했습니다." 자연스레 우리는 주님께 철저히 자백할 것이다. 우리는 먹는 것을 잊어버릴 정도로 자백할지도 모른다. 사무실로 차를 몰고 가면서도 주님께 눈물로 회개할지도 모른다. 나는 우리 가운데 얼마나 많은 사람이 이런 단계를 통과했는지 궁금하다. 이런 단계를 통과하지 않았다면 활력 그룹은 아직 시작되지 않은 것이다.

하나님께서 정하신 길은 어떤 가르침을 듣고 어떤 형제를 얻으러 가는 문제나, 사람들을 방문하러 나가기로 결정하는 문제가 아니다. 이것은 외적인 것이지 활력 그룹을 실행하는 것이 아니다. 과거에 우리는 이렇게 하여 사람들을 얻었지만 오늘 그들은 어디에 있는가? 그들 대부분은 남아 있는 열매가 아니었다.

활력 그룹을 가지려면 우리는 씨를 뿌리는 사람과 같아야 한다. 우리는 주님을 접촉해야 하고, 빛 비춤을 받아야 하며, 주님께 만져져야 하고, 그분의 임재 안에서 폭로되어야 한다. 우리는 그분께 자백해야 하고 우리를 완전히 적시시도록 허락해 드려야 한다. 그럴 때 그분과 매우 밀접한 관계를 맺고 친밀한 교통을 나누게 될 것이다. 이것이 활력 그룹의 시작이다. 그런 다음 우리는 자연스럽게 이렇게 기도할 것이다. "주님, 저에게는 동반자가 필요합니다. 저를 위해 동반자를 준비해 주십시오. 저는 사람을 선택하고 싶지 않습니다. 저는 더 이상 자신의 선택과 선호를 따라 행하고 싶지 않습니다. 당신께서 저를 인도해 주십시오. 당신께서 저를 누군가에게 이끄시거나 저에게 누군가를 보내 주십시오."

오늘날 나는 여러분의 현재 상황을 볼 때 매우 유감스럽다. 여러분은 감동을 받은 것처럼 보이지만 움직이지 않는다. 이것은 여러분이 주님께 나아간 적이 없기 때문이다. 주님께 나아가 그분의 임재 안에서 철저히 회개하고 자백하지 않는다면, 우리는 자신을 속이고 있는 것이다. 회개하는 것과 자백하는 것은 우리 스스로 해야 한다. 주님과 친밀하게 교통하는 것도 우리 스스로 해야 한다. 이 세 가지가 없다면, 우리는 심판대에서 주님을 뵐 때(고후 5:10)까지 계속 똑같은 상태로 남아 있게 될 것이다.

우리는 주님의 말씀을 가벼운 방식으로 읽어서는 안 된다. 그 대신 우리는 그분의 말씀에 떨어야 한다(사 66:5상). 에베소서 5장 14절은 잠자는 이들이 깨어서 죽은 이들 가운데서 일어나야 하며 그러면 그리스도께서 그들에게 빛을 비추실 것이라고 말한다. 우리는 이 절의 빛 안에서 자신을 살펴볼 필요가 있다. 우리는 잠자고 있는가? 우리는 여전히 잠자고 있으면서 활력 그룹을 실행한다고 주장할지도 모른다. 그것은 활력 그룹을 실행하는 것이 아니다. 그것은 새로운 관례이다. 내 안에서 말씀하시는 그 영에 따르면, 나는 여러분이 아직도 활력 그룹을 참되게 시작하지 않았다고 느낀다.

하나님은 근원이시다. 우리는 그분을 접촉하기 위해 그분께 나아가야 한다. 내 말을 받아 주님께 다시 가져가라. 여러분은 이렇게 기도할 수 있다. "주님, 저는 우리가 아직 활력 그룹을 시작한 것이 아니라고 들었습니다. 주님, 당신께 나아갑니다. 어떻게 활력 그룹을 시작해야 할지를 말씀해 주십시오." 하나님은 빛이시므로 즉시 빛이 임할 것이다. 주님께 나아가는 것이 활력 그룹을 수행하는 첫 번째 원칙이다.

신약에 있는 명령들을 받아들임

우리는 또한 두 번째 원칙을 깨달을 필요가 있다. 두 번째 원칙은 우리가 무엇을 해야 하는지를 말해 주는 많은 명령이 신약에 있다는 것이다. 이기는 이들에 관한 모든 말씀은 명령의 말씀이다. 바울이 "잠자는 이여, 깨어서 죽은 이들 가운데서 일어나라."라고 말한 것은 명령이었다. 우리는 이것을 행해야 한다. 요한계시록은 이기기를 갈망하는 사람들에 대한 명령들로 가득한 특별한 책이다. 주님은 라오디게아에 있는 믿는 이들에게, 그분에게서 불에 제련한 금을 사서 풍성하게 되도록 하고, 흰옷을 사서 입음으로 그들의 벌거벗은 수치가 보이지 않도록 하며, 안약을 사서 그들의 눈에 발라서 보도록 하라고 명령하셨다(계 3:18). 그 누구도 우리에게 이것들을 주지 않을 것이다. 우리는 값을 주고 이것들을 사야 한다. 즉 대가를 지불해야 한다. 신약의 처음부터 마지막까지 하나님께서 우리에게 은혜를 주시는 각 단계는 모두 명령형이다. 우리는 회개하고 주 예수님을 믿으라는 말씀을 들었다. 이것은 명령형이다. 주 예수님은 그분께 나아오라고 말씀하셨다. 이것도 명령형이다. 어느 누구도 그것을 대신해 줄 수 없다. 우리가 그것을 해야 한다.

디모데후서 1장은 하나님께서 우리에게 주신 것은 겁내는 영이 아니

8. "잠자는 이여, 깨어서 죽은 이들 가운데서 일어나라. 그리스도께서 너에게 빛을 비추실 것이다."

라고 말한다. 하나님은 우리에게 약하고 '우유부단한' 영을 주지 않으셨다. 하나님은 우리에게 강한 의지가 있는 능력의 영과, 사랑하는 감정이 있는 사랑의 영과, 분명한 생각을 지닌 맑은 생각의 영을 주셨다(7절). 우리의 의지는 강해야 한다. 그리스도를 따르는 모든 사람, 곧 주님의 모든 순교자는 강한 의지를 가진 사람들이다. 우리는 우유부단해서는 안 된다. 그러면 아무것도 할 수 없다. 주님을 추구하는 사람들인 우리는 의지를 강하게 하기를 배워야 한다. 나는 이상을 보았고 주님의 빛 비춤 아래에 있으므로 주님의 권익을 위해 강해야 한다.

나는 우리가 주님께 나아가는 시간을 가져야 한다고 거듭 말한다. 우리는 빛 비춤을 얻고 그분의 빛 안에서 드러날 때까지 거듭 주님께 나아가야 한다. 우리가 그분께 나아간다면, 그분은 우리를 드러내시고 우리는 회개하며 자백할 것이다. 그럴 때 그분과의 친밀한 교통 안으로 이끌리게 될 것이다. 이것에 의해 우리는 활력 있게 될 것이다. 활력 있게 되는 것은 몇몇 구호를 외치거나 어떤 운동을 하는 문제가 아니다. 활력 그룹에 관한 교통을 들은 뒤에 우리 자신 안에서 실행하는 것은 운동이다. 그것은 아무런 의미가 없다. 홀로 주님을 접촉하는 오직 한 가지만이 가치가 있다. 누군가와 함께하는 것은 방해가 될 것이다. 홀로 주님께 직접 나아가야 한다. 철저한 자백은 오직 혼자서만 주님께 할 수 있다.

나는 우리 모두가 이 교통을 취하여 주님의 말씀 안에 있는 그분의 명령을 받아들이기 바란다. 나는 여러분이 회개해야 한다고 말할 수 있지만 대신 회개해 줄 수는 없다. 나는 여러분을 위해 음식을 준비할 수 있지만 대신 먹어 줄 수는 없다. 어느 누구도 우리 자신을 대신하여 먹어 줄 수 없다. 먹으라는 명령은 받을 수 있지만 여전히 스스로 먹어야 한다. 나의 의무와 책임과 사역은 우리가 먹을 필요가 있음을 알려 주는 것이다. 이 말씀을 받아들이지 않는다면 우리가 듣고 있는 이 모든 말이 아무 의미가 없다. 오늘날 우리는 활력화되어야 하는 단계에 있다. 우리는 살아 있고 불타야 하며 열매를 많이 맺어야 한다. 누가 우리를 위해 이것을 할 수 있는가? 오직 주님 자신뿐이다. 이 단계에서 필요한 것은 주님께 직접 나아가는 것이다. 우리는 주님께 나아갈 수 있는 시간을 갖도록 주님을 앙망해야 한다.

나는 이 문제와 관련된 체험을 짧게 간증하고 싶다. 나는 1925년부터 1931년까지 육 년 이상을 형제회와 함께했는데, 어느 날 주님께서 특별한 방식으로 나에게 빛을 비추어 주셨다. 1931년 8월에 길을 걷고 있을 때, 내 속 깊은 곳에 이런 음성이 있었다. "네가 형제회와 함께한 지 여러 해가 지났구나. 너는 매 집회에 참석했고 거듭해서 메시지를 들었다. 그런데 네가 얼마나 죽어 있는지 보아라. 여러 해 동안 너는 한 사람도 주님께 이끌지 못했다." 나는 이것을 깨닫고 정말 괴로웠다. 다음 날 아침, 나는 홀로 주님과 시간을 보내려고 낮은 산꼭대기로 갔다. 나는 울면서 "주님, 저에게 긍휼을 베풀어 주십시오. 제가 어떻게 해야 합니까?"라고 기도했다. 그것은 활력 있는 어떤 것이었다. 나는 날마다 많은 시간을 그렇게 했다.

몇 달이 지난 후에, 주님 안에서 매우 사랑스러운 형제인 절친한 벗이 상하이에서 왔다. 그는 사업을 하러 상하이로 가서 몇 해 동안 그곳에 머물렀다. 그는 내게 상하이 교회의 집회에 관해 말해 주었다. 나는 그를 통해 니 형제님에게 우리 마을에 초청하고 싶다는 말을 전했다. 그 후에 니 형제님이 와서 우리 교파 안에서 특별 집회를 열었다. 형제님이 떠난 다음 날, 주님께서 내게 누군가를 보내 주셨고 우리는 자연스럽게 동반자가 되었다. 이로써 내 고향 마을에서 교회가 시작되었다. 우리 두 사람은 활력화되었다. 우리는 사람들에게 갈 필요가 없었다. 주님은 사람들을 한 명씩 보내셔서 우리를 접촉하게 하셨다. 두 주가 지나자 열한 명의 형제가 함께 모여 주님의 상 집회를 갖게 되었다. 그것은 활력화된 상황이었다.

오늘날 우리 가운데 참된 시작이 필요하다. 반드시 우리와 주님 사이에 어떤 접촉이 있어야 한다. 그 산꼭대기에서 주님과 시간을 보낼 때 나는 회개하고 자백해야 했다. 이것을 통해 나는 주님과의 친밀한 교통 안으로 이끌렸다. 나는 몇 주 동안 매일 그렇게 했다. 여기서 나는 내가 체험한 것에 따라 가르친다. 내가 형제회에서 받았던 많은 가르침은 생명의 문제에서 나에게 도움이 되지 못했다. 내가 생명의 길 안으로 이끌리기 시작한 것은 주님께서 나에게 빛을 비추신 때부터였다.

여러분은 "글쎄요. 주님은 아직 내게 오신 적이 없습니다."라고 말할지도 모른다. 그러나 나는 "주님은 여러분을 기다리고 계십니다. 여러분이 그분께 나아가야 합니다."라고 말하고 싶다. 주님은 우리 안에 계시는데, 우리가 그분의 음성에 귀 기울이지 않을지도 모른다. 그분은 언제나 말씀하고 계신다. 우리는 다른 모든 일을 멈출 필요가 있다. 골방이나 산꼭대기나 어떤 곳으로 가서 주님과 함께하는 개인적인 시간을 가지라. 내게 도움을 주었던 유일한 것, 여러분을 도울 수 있는 유일한 것은 직접 주님을 접촉하는 것이다. 어느 누구도 주님의 임재에서 도망칠 수 없다. 그분은 근원이시다. 그분께 나아가라. 그러면 우리는 빛 비춤을 받을 것이다.

타협하지 않고 진지하게 주님께 나아감

우리는 주님과 교통할 때 또 다른 원칙을 주의해야 한다. 주님께 나아갈 때는 진지해야 한다. 우리는 안일한 방식을 선택하거나 타협하여 주님을 피하려고 해서는 안 된다. 그것은 우리가 자신을 값싸게 팔고 있다는 뜻이다. 주님께 나아갈 때 우리는 그분께서 무슨 말씀을 하시든 “아멘.”이라고 말해야 한다.

자신이 어떤 것을 할 수 없다거나 할 수 있다고 말하지 말라. 우리는 자신 안에서 어떤 것도 할 수 없다. 그러나 우리는 그분을 신뢰할 수 있다. 이것은 커다란 선물이다. 어린아이는 요리할 필요가 없고 어머니가 요리하는 것을 신뢰해야 한다. 우리의 문제는 아무것도 하지 않거나 스스로 어떤 것을 하려고 애쓰는 것이다. 둘 다 잘못된 것이다. 그러지 말고 그분을 신뢰하라. 그러면 그분께서 여러분을 위해 언제든지 그 일을 하실 것이다. 바울은 그에게 능력을 주시는 분 안에서 모든 것을 할 수 있었다고 말한다(빌 4:13). 그는 우리가 어떤 것도 할 수 없다고 분명하게 말할 뿐 아니라 우리가 그분을 신뢰할 수 있다고 말한다. 이처럼 바울은 우리에게 많은 명령을 준다. 우리는 주님을 신뢰함으로 이런 명령을 받아들일 필요가 있다. 활력 그룹을 하나의 운동으로 받아들이지 말라. 다만 주님께로 가라. 자신을 활력화하라. 그런 다음, 활력 그룹을 형성하기 위해서가 아니라 활력 그룹을 산출하기 위해서 가라.

에베소서 5장 14절은 일종의 명령이다. “잠자는 이여, 깨어서 죽은 이들 가운데서 일어나라.” 우리는 이 말씀에 주의해야 한다. 여기에는 어떤 교리도 없다. 우리는 깨어 있어야 한다. 그러지 않으면 우리는 끝난 것이다. 우리는 사데의 죽어 있음을 미워한다고 말한다. 그러나 우리는 죽은 이들 가운데서 일어나야만 한다. 깨어서 일어나라! 이 절은 우리에게 매우 실지적이다. 우리가 깨어서 일어난다면 그리스도께서 우리에게 빛을 비추실 것이다. 그분의 빛 비춤이 많은 것을 이루어 내고 우리가 어디에 있는지를 보여 줄 것이다. 그분은 우리에게 빛을 비추심으로 우리를 드러내실 것이다. 우리가 일어나지 않는다면 그리스도의 빛 비춤은 우리와 함께하지 않는다. 그분의 빛 비춤은 우리가 일어나기를 기다리고 있다. 우

8. “잠자는 이여, 깨어서 죽은 이들 가운데서 일어나라. 그리스도께서 너에게 빛을 비추실 것이다.”

리는 잠자고 있기 때문에 활력화될 필요가 있다. 우리의 죽어 있음에서 구원받을 필요가 있다.

이 문제에서 다른 사람이 우리를 도와줄 것으로 믿지 말라. 우리는 기도해야 한다. 우리의 신뢰를 주님께 두어야 한다. 오직 주님만이 근원이시다. 오직 그분만이 우리에게 빛을 비추실 수 있다. 오직 그분만이 우리를 빛 안으로 이끄셔서 완전히 드러나게 하실 수 있다. 오직 그분만이 우리가 참으로 회개하고 자백하게 하실 수 있다. 활력 그룹은 우리가 주님께 나아가는 것으로 시작되어야 한다. 이것이 씨를 뿌리는 것이며 이것에서 무언가가 자라 나올 것이다.

9

적은 능력을 가지고도 지속적으로 사람들을 접촉함

Having a Little Power and Having Constant Contacts with People

제9장

적은 능력을 가지고도 지속적으로 사람들을 접촉함

성경: 계 3:7-8

"네가 적은 능력을 가지고도"

최근에 나는 활력 그룹의 출발이 매우 느리게 보이는 이유를 주님 앞에서 숙고했다. 우리 중 대부분은 주님을 사랑하고 이 시대에서 주님을 추구하고 있다. 내가 주님 앞에서 이 문제를 고려하고 있을 때 주님은 요한계시록 3장 7절과 8절을 상기시켜 주셨다. 이 절들은 이렇게 말한다. "빌라델비아에 있는 교회의 전달자에게 이렇게 편지하여라. '거룩한 이, 참된 이, 다윗의 열쇠를 가진 이, 열면 닫을 수 없고 닫으면 열 수 없도록 하는 이가 이렇게 말한다. 나는 너의 일을 안다. 보아라, 내가 아무도 닫을 수 없는 열린 문을 너의 앞에 두었다. 왜냐하면 네가 적은 능력을 가지고도 나의 말을 지켰고 나의 이름을 부인하지 않았기 때문이다."

나는 '네가 적은 능력을 가지고도'라는 이 짧은 문구를 강조하고 싶다. 빌라델비아에 있는 성도들은 많은 능력이 없었다. 그들은 다만 적은 능력을 가지고 있었다. 이 말씀은 일곱 교회 중 가장 좋은 교회인 빌라델비아 교회, 곧 형제 사랑의 교회에게 주어졌다. 주님은 먼저 그분 자신을 소개하시기 위해 그분께서 누구이신지를 말씀하셨다. 즉 그분께서 거룩하신

분이시자 참되신 분으로서 다윗의 열쇠를 갖고 계시며, 열면 닫을 수 없고 닫으면 열 수 없도록 하시는 분이시라고 말씀하셨다. 확실히 그분은 능력이 많으시다. 그런 다음 요한계시록 3장은 역대로 가장 좋은 교회, 최고의 교회를 우리에게 보여 준다. 우리의 관념에 따르면, 최고의 교회는 반드시 능력이 있고 무엇이든 할 수 있어야 한다. 그러나 이 최고의 교회에게 얼마나 능력이 있었는가? 적은 능력뿐이었다. 반면에 주님은 다윗의 열쇠를 가지신 분이시다. 그분은 능력이 있으시고 권위가 가득하시다. 그러나 그분의 교회들 가운데 최상의 교회는 적은 능력밖에 없다. 우리는 큰 능력을 얻으리라고 기대해서는 안 된다. 이런 깨달음으로 나는 빛 비춤을 받았다. 나는 우리에게 많은 능력이 아닌 적은 능력밖에 없다는 것을 깨달았다.

주님은 그분께서 다윗의 열쇠를 가지시고 권위가 가득하신 분이시라는 인상을 나에게 새겨 주셨다. 그분은 열면 닫을 사람이 없고 닫으면 열 사람이 없도록 하는 분이시다. 그러나 그분은 가장 좋은 교회에게 그리 많이 요구하지 않으셨다. 우리는 최고의 교회인 빌라델비아 교회가 많은 능력이 있으리라고 예상하지만 사실은 그렇지 않다.

또한 우리는 빨리 진보해야 한다고 생각할 수 있다. 그러나 야곱이 대가족을 이끌고 밧단아람에서 좋은 땅으로 돌아올 때를 생각해 보라. 성경의 기록에 따르면, 야곱은 형을 만나러 아내들과 자녀들과 가축들을 이끌고 갈 때 빠르게 여행할 수 없음을 알았다. 여행할 때 그는 행보가 매우 느렸다(창 31:18, 33:14). 우리가 빠르게 나아갈 수 있다고 기대해서는 안 된다. 확실히 나는 내 자신이 빠르다고 감히 말할 수 없다. 그러므로 나는 우리 모두를 매우 동정한다. 주님은 빌라델비아 교회를 인정하시고 아무도 닫을 수 없는 문을 열어 주셨는데, 그들이 적은 능력을 가지고도 주님의 말씀을 지키고 주님의 이름을 부인하지 않았기 때문이다. 이것은 나에게 위로가 되었다. 우리 중 대다수는 참으로 주님을 사랑하고 주님을 추구한다. 그러나 나는 우리가 능력이 있다고 말할 수 없다. 우리 모두는 적은 능력밖에 없다.

활력 그룹의 시작은 정도의 문제임

최근에 몇몇 사람이 나에게, 자신이 활력 그룹을 시작한 것인지 아닌지를 물었다. 우리는 활력 그룹의 시작이 정도의 문제라는 것을 깨달아야 한다. 어떤 사람은 영어를 배울 때 에이비시(ABC)부터 배우기 시작한다. 분명 그는 영어를 배우기 시작한 것이다. 그러나 영어에 능숙한 사람은 더 높은 단계와 수준에서 배우기 시작할 수 있다. 수학을 배우는 것도 하나의 예이다. 우리는 초등학교와 중학교와 고등학교와 대학교에서 수학을 배운다. 우리는 초등학교에서 수학을 배우고 있는 사람이 아직 시작하지 않았다고 말할 수 없다. 다른 한편으로는 수학 박사 과정을 공부하고 있는 사람 또한 여전히 배우고 있다.

나는 우리 중 많은 사람이 다양한 수준에서 활력 그룹을 시작했다고 믿는다. 최근에 주일 오전의 교회 집회에서, 우리는 활력 그룹이 시작되었다는 표시를 보았다. 얼마간의 증가를 보여 주는 표시가 있었다. 활력 그룹이 전혀 시작되지 않았다면, 심지어 '에이비시' 수준으로도 시작되지 않았다면, 우리는 밝은 전망을 보여 주는 표시가 있는 좋은 집회를 할 수 없었을 것이다.

우리는 어느 정도 기뻐할 수 있지만 여전히 만족스럽지 않다. 내가 영어를 배우고자 하는데 에이비시만 배웠다면, 시작은 있어도 여전히 만족하지 못할 것이다. 영어를 정복할 때까지 더 많이 배우면서 진보하고 싶어 할 것이다. 수학을 배우는 것도 마찬가지이다. 어떤 학생이 덧셈과 뺄셈을 배운다면 수학을 배우기 시작한 것이지만 계속해서 배울 필요가 있다.

우리 가운데 많은 사람이 지금까지 주님께 신실했다. 우리는 그분을 사랑하고 그분을 추구한다. 우리는 현재 자신이 가진 것과 자신의 위치를 받아들이고 주님과 함께 한 걸음씩 나아가기를 열망해야 한다. 빌라델비아 교회는 최고의 교회였지만 적은 능력밖에 없었다. 그들은 자신이 가진 것으로 주님을 위해 최선을 다했다. 이것은 주님을 기쁘시게 하는 것이 주님을 위해 많은 것을 하는 것이 아니라 자신이 가진 것으로 그분을 위해 최선을 다하는 것임을 가리킨다. 우리는 적은 능력밖에 없는데 무언가를 했다. 우리는 시작했지만, 시작한 것으로 만족하거나 안주해서는 안 된다.

우리는 위로를 받아야 한다. 우리가 시작했음을 보여 주는 표시가 이미 우리 가운데 있다. 우리의 어려움은 분석하는 생각이다. 실행하는 것이 기대처럼 이루어지지 않을 때, 우리는 실재하는 참된 것을 갖고 있는지를 의심하기 시작한다. 우리는 실행하고 체험한 것이 참된 것인지를 분석하고 다른 이들과 함께 점검한다. 우리는 누군가에게 "당신은 제가 시작했다고 생각하십니까?"라고 물을 것이다. 그러면 질문을 받은 사람은 "당신은 제가 시작했다고 믿습니까?"라고 되물을지도 모른다. 그런 다음 "우리 가운데 누가 완전히 시작했을까요?"라고 질문할 것이다. 그런데 우리가 '완전히'라고 하는 것은 어느 정도를 의미하는가? 누가 백 퍼센트 '완전히' 활력화된 사람인가? 사도 바울만 그런 사람이었을 것이다. 나는 주님께서 우리 가운데서 계속 전진하셨다는 것을 우리가 부인할 수 없음을 보여 주려고 이 말을 한다. 작년에 주님은 남캘리포니아에서 참으로 무언가를 이루셨다. 우리가 합당한 각도에서 우리의 상황을 돌아본다면 무릎을 꿇고 그분을 이렇게 찬양하지 않을 수 없다. "주님, 저는 여전히 매우 약하고 침체되어 있지만, 당신께서 무언가를 이루셨음을 부인할 수 없습니다.”

우리가 주님과 함께 전진하도록 돕는 몇 가지 요점

나는 우리 모두가 주님과 함께 전진하도록 돕는 몇 가지 요점에 주목하기 바란다.

(1) 우리 모두에게 어떤 시작이 있었다.

(2) 우리는 진보하고 성장하고 성숙할 필요가 있다.

(3) 우리는 자신의 체험을 분석하거나 의심하거나 그 체험 안에 남아 있으려는 성향이 있으며, 자신의 체험을 잊지 못하여 성숙과 온전함에 이르도록 전진하지 않는다.

그러나 우리는 우리 자신이 분석할 만한 가치가 없음을 깨달을 필요가 있다. 우리는 “주님, ‘에이비시’를 배울 수 있는 은혜를 베푸심에 감사드립니다.”라고 말씀드려야 한다. 이것은 아무것도 하지 않는 것보다 낫다. 그러나 우리는 또한 이렇게 말씀드려야 한다. “주님, 제가 더 많이 배울 수 있도록 더욱 은혜를 베풀어 주십시오.” 시작은 그리 좋지 않다고 느껴질지도 모른다. 한편으로 이런 느낌은 우리를 자극하여 계속 전진하게 한다. 그러나 다른 한편으로는 일종의 장애물이 되기도 한다. 왜냐하면 우리가 시작했다고 확신하지 못하게 하기 때문이다. 우리는 이렇게 말할지도 모른다. “저는 회개했지만 지금은 저의 회개가 철저하지 않다고 느낍니다. 저는 자백했지만 그것은 철저한 자백이 아니었습니다.” 그러나 얼마나 철저해야 철저하다고 할 수 있는가? 다시 말하는데, 이것은 정도의 문제이다. 나는 우리 가운데 많은 사람이 회개하고 자백하는 시간을 가졌으리라고 믿는다. 그러나 우리는 주님께 다시 나아가 이렇게 말씀드렸을지도 모른다. "주님, 저에게 긍휼을 베풀어 주십시오. 저의 회개와 자백이 철저하지 않았다고 생각합니다. 다시 회개하고 자백하기 원합니다." 우리는 이것에 대해 주의해야 하는데, 왜냐하면 이미 회개의 기초를 놓은 후에 그 기초를 놓으려고 되돌아가는 것일지도 모르기 때문이다(히 6:1, 4상, 6). 이렇게 할수록 우리는 자신감과 확신을 잃게 될 것이다.

사탄은 간교하며 우리의 자아 또한 다루기가 어렵다. 우리 가운데 누구도 '백 퍼센트' 철저한 시작을 할 수 없다. 우리 가운데 누구도 극한까지 철저히 자백하며 회개할 수 없다. 그러므로 우리는 실망해서도 안 되고 자만해서도 안 된다. 우리는 이렇게 기도할 수 있다. "주님, 감사합니다. 저는 활력 그룹에 관한 메시지들을 듣고 나서, 당신의 긍휼로 회개하고 자백하기 시작했습니다. 그러나 사랑하는 주님, 당신은 저의 회개가 발전되고, 저의 자백이 자라며, 활력 그룹에 대한 저의 실행 전체가 성숙해야 함을 아십니다. 저를 계속 이끌어 주시기를 앙망합니다."

나는 주님께서 권위와 능력이 가득하신 분이심을 다시 한번 말하고 싶다. 주님은 문을 열면 아무도 닫을 수 없는 열쇠 곧 능력을 가지고 계신다. 또한 문을 닫으면 아무도 열 수 없는 능력을 가지고 계신다. 그러나 주님은 그분의 가장 좋은 교회의 상황을 매우 분명하게 아셨다. 심지어 그분의 가장 좋은 교회도 적은 능력밖에 없었다. 주님은 이것으로 만족하셨다. 주님은 이 최고의 교회가 큰 능력이 아니라 단지 적은 능력을 갖기 바라셨다. 그런데 어째서 주님은 이 교회를 그토록 귀히 여기셨는가? 그것은 이 교회가 적은 능력을 가지고도 그분의 말씀을 지키고 그분의 이름을 부인하지 않았기 때문이다. 참으로 우리는 적은 능력밖에 없지만 이렇게 기도할 수 있다. "주님, 당신의 긍휼에 감사드립니다. 우리는 시작했습니다. 주님, 그러나 여전히 더 많은 긍휼이 필요합니다. 더욱더 많은 긍휼을 베푸셔서 우리가 계속 전진하고 자라고 발전하고 성숙할 수 있게 해 주십시오."

지속적으로 접촉하는 것이 필요함

요즘 들어 나는 사람들을 접촉하는 이 한 가지를 강조해야 한다고 느낀다. 우리는 활력화되기를 실행하는 이들로서, 성도이든 죄인이든 가리지 않고 사람들을 접촉해야 한다. 우리는 가까이에 있는 직계 친척이든 멀리 떨어져 있는 친구이든 사람들을 접촉해야 한다. 다만 사람들을 접촉하라. 우리가 '차가운 문'을 두드리러 나가도록 인도받는다면 이것도 좋다. 모든 친척과 친구와 급우와 동료를 다 접촉한 후에 '차가운 문'을 두드리러 나가야 하는 것은 아니다. 그것은 전적으로 우리가 어떻게 느끼는지에 달려 있다. 지금 우리가 차가운 문을 두드리러 나가야 한다고 느낀다면, 그것이 주님께서 우리에게 주시는 인도일 수도 있다.

그러나 나는 일종의 경고로서 또 다른 것을 언급하고 싶다. 영적인 일에서 우리는 당연히 쉬운 일을 선택하고 싶어 한다. 우리는 어려운 일을 하고 싶어 하지 않는다. 우리는 결과가 즉시 나타나는 쉬운 방식으로 복음을 전하기를 좋아한다. 우리는 은행이나 슈퍼마켓에서 복음지를 나누어 주고 싶어 할 것이다. 어떤 이는 이렇게 하다가 한 사람을 만났는데, 정말 운이 좋게도 그가 다음 날 침례를 받고 결국 온 가족이 교회생활 안으로 들어올지도 모른다. 그러나 이렇게 운이 좋은 일은 자주 일어나지 않는다. 십 주 동안 은행에 갔는데 한 사람도 얻지 못할 수 있다. 십이 주 동안 슈퍼마켓에 갔는데 한 사람도 얻지 못할 수 있다. 복음에 수고하려면 인내를 훈련할 필요가 있다.

내가 강조하는 요점은 새로운 사람을 빨리 침례 받게 하고서 자신의 일을 끝마쳤다고 생각하지 말라는 것이다. 우리는 "할렐루야, 나는 열매를 얻었다."라고 말하면서 그것이 자신이 해야 할 일의 전부라고 생각해서는 안 된다. 물론 우리는 어떤 열매를 얻었을지도 모르지만, 확신하건대 그 열매는 결코 남아 있지 않을 것이다. 그것은 누군가를 접촉하는 합당한 길이 아니다. 누군가를 접촉하는 합당한 길은 그 사람을 지속적으로 접촉할 대상자로 삼는 것이다. 우리는 누구를 얻든 그를 지속적으로 접촉할 대상자로 삼아야 한다. 어떤 사람을 아직 주님 안에서 낳지 않았다 해도 자기 자녀처럼 접촉해야 한다. 다음 주나 심지어 이듬해라도 그를 거듭나게 할 수 있을지 모른다. 그러므로 우리는 그를 지속적으로 접촉할 대상자로 삼아야 한다.

우리는 최선을 다해 항상 네다섯 명의 새로운 사람을 자신의 돌봄 아래 두어야 한다. 우리에게 네다섯 사람이 있다면 다른 사람을 서둘러 접촉할 필요가 없을 것이다. 그들 중 한 사람이 이사를 간다면 다른 사람으로 대신하도록 힘쓰라. 항상 네다섯 사람을 자신의 돌봄 아래 두려고 노력하라. 두 주 후에 이 다섯 사람 중 두 사람이 침례를 받을지도 모른다. 그러나 돌보기를 멈추지 말라. 침례는 졸업식이 아니다. 오히려 침례는 그리스도인의 생활 안으로 들어가는 입구이다. 따라서 침례를 받은 이 두 사람을 여전히 지속적으로 접촉할 대상자들로 여겨야 한다. 우리는 그들을 접촉하는 방식을 즉시 바꾸어야 한다. 우리는 그들을 먹여야 한다. 먹이는 것은 더 많은 인내와 수고가 필요하다. 우리는 어떤 자녀도 일찍 죽어서는 안 된다는 태도를 지녀야 한다. 그들이 계속 살아 있도록 매일 그들을 돌보는 데 힘써야 한다. 먼저 그들을 먹여야 한다. 세 달 뒤부터는 그들을 양육하고 가르치고 훈련하고 온전하게 할 수 있을 것이다. 이렇게 하려면 많은 시간을 들여야 한다.

그런 다음, 우리가 돌보고 있는 사람들이 참으로 진보하여 먹이는 기간과 온전하게 하는 기간을 통과한다면 그들은 계속 이끌릴 준비가 되어 있을 것이다. 우리는 그들이 말씀을 연구하고 주님을 위해 신언하는 법을 가르쳐 줄 수 있다. 주님을 위해 신언하는 것은 쉬운 일이 아니다. 그러므로 우리는 새로운 자녀들이 신언하도록 훈련시키는 데에만 삼 년을 더 들여야 할 수도 있다. 그들에게 신언을 작성하는 법과 그것에 따라 말하는 법을 가르치는 데 힘쓰라.

우리는 어떤 사람이 신언하는 법을 배운 후에는 졸업하리라고 생각할지도 모른다. 그러나 나는 우리의 돌봄 아래 있는 사람들 중 실지로 졸업하는 이가 없다는 것을 배웠다. 우리는 어떤 사람들을 돌볼수록 그들을 도울 필요가 있음을 더욱 느낀다. 오랜 세월 동안 나는 많은 사람을 가르쳤다. 내가 고려해 볼 때, 그들 중 어떤 사람도 졸업한 적이 없다. 나는 여전히 그들을 온전하게 할 필요가 있다. 나는 심지어 내가 돌보는 형제들 중 몇 사람은 결국 영적으로 나보다 낫게 되기를 기대한다. 우리는 새 예루살렘에 있게 될 때까지 사람들을 돌보아야 하는지 의아해할 수도 있다. 이것은 우리가 지쳐 있다는 뜻이다. 우리는 인내심을 발휘하여, 주님께서 우리에게 돌보라고 맡기신 사람들을 양육하는 데 여전히 시간을 들여야 한다. 우리는 사람들을 지속적으로 접촉하는 공과를 반드시 배워야 한다. 그럴 때 결국 우리 모두는 풍성한 열매가 맺히는 것을 보게 될 것이다.

행운을 기대하는 방식으로 일하지 말라. 그런 방식으로 생각하지 말라. 그 대신 어떤 일을 지속적으로 하겠다는 방식으로 생각하라. 주님께서 우리에게 지속적으로 접촉할 수 있는 합당한 사람들을 주시기를 항상 기도하며 그분을 앙망해야 한다. 누군가에게 신속하게 침례를 주었으므로 일을 잘하고 있다고 생각하지 말라. 이런 방식으로 실행한다면, 열매는 얻겠지만 그 열매가 남아 있지는 않을 것이다. 우리의 손길 아래 있는 열매가 남아 있을지는 우리가 어떻게 사람들을 돌보는지에 달려 있다. 즉 그들을 낳을 때부터 계속해서 먹이고, 온전하게 하고, 그런 다음 주님을 위해 말하도록 세울 때까지 돌보아야 한다. 이것은 그들이 충분히 성장한 사람임을 의미한다. 어떤 사람이 주님을 위해 말할 수 있는 단계에 이르지 않았다면 충분히 성장한 것이 아니다. 집회에서 신언하는 것은 충분히 성장한 상태를 나타내는 표시이다. 우리는 기도를 통해, 기도와 함께, 기도 가운데 사람들을 접촉해야 하고 그들 각 사람을 지속적으로 접촉할 대상자로 삼아야 한다. 나는 우리 모두가 오늘부터 이렇게 실행하겠다고 마음 깊은 곳에서 결심하기를 바란다.

우리는 또한 시간을 아끼는 법을 배울 필요가 있다. 공중에서 바쁘게 일하는 악한 자 사탄은 우리가 기도하는 것을 결코 원하지 않는다. 사탄은 우리의 기도 시간이 낭비되도록 모든 것을 할 것이다. 그러므로 우리는 시간을 아껴 끊임없이 기도해야 한다(살전 5:17).

또한 단도직입적으로 기도하기를 배우라. 우리의 기도 가운데서 주님을 가르치지 말고 그분께 설명하지도 말라. 여리고성 밖에서 주님을 접촉한 눈먼 이는 “다윗의 자손 예수님, 나에게 긍휼을 베풀어 주십시오!”(눅 18:38)라고 부르짖었다. 그러자 주님은 “내가 그대에게 무엇을 해 주기를 원하십니까?”(눅 18:41)라고 물으셨다. 그 눈먼 이는 우리처럼 천연적인 방식으로 기도하지 않았다. 그는 주님께 많이 설명하거나 지시하거나 가르치지 않았다. 그 대신 그는 단순하게 “주님, 내가 보기를 원합니다!”(눅 18:41)라고 말했다. 우리는 기도 가운데서 너무 많이 설명하고 가르친다. 마치 주님께서 아무것도 모르시기 때문에 우리가 그분을 가르쳐야 하는 것 같다. 주님께서 누구이시고 무엇을 하실 수 있는지를 말씀드려야 하는 것 같다. 그러나 이것은 틀에 박힌 기도이다. 다만 우리에게 필요한 것과 우리가 원하는 것을 주님께 말씀드려야 한다. 우리가 주님께서 성도들을 분발시켜 주시기를 원한다면 단순하게 이렇게 기도해야 한다. “주님, 성도들을 분발시켜 주십시오.” 이것으로 충분하다.

우리는 항상 기도를 통해, 기도 안에서, 기도와 함께 사람들을 접촉하러 가기를 배워야 한다. 우리는 그들에게 전화를 하거나 복음 소책자들 중 하나를 보낼 수 있다. 우리는 이 소책자들을 읽고 내용을 숙지해야 한다. 그런 다음 우리는 어떤 사람에게 무엇이 필요한지를 보고 그에 따라 특정한 소책자를 보낼 수 있다. 어떤 사람이 주님께서 자신의 구주이심에 대해 분명하지 않은 것을 우리가 알게 되었다면 〈구주이신 그리스도(Christ the Savior)〉라는 소책자를 그에게 보낼 수 있다. 이 소책자는 하나님의 어린양(요 1:29)과 놋 뱀(3:14-15)과 한 알의 밀(12:24)의 신분을 가지신 그리스도에 관해 말해 준다.

고린도전서 15장 58절은 그리스도 안에서 우리의 수고가 결코 헛되지 않다고 말한다. 오직 주님만이 우리의 수고의 결과가 어떻게 될지를 아신다. 다시 오시는 주님을 뵙는 그날까지 주님 안에서 수고할 필요가 있다. 우리는 시작했지만 여전히 성장해야 한다. 지금까지 주님을 좇아가고 추구했으므로 주님께서 우리와 함께 무언가를 이루셨다는 확신을 가져야 한다. 한편으로 우리는 분석해서는 안 된다. 다른 한편으로는 만족해서도 안 된다. 우리는 성장하고 진보하고 성숙하기 위해 계속 나아가야 한다. 그리고 사람들을 날마다 접촉하겠다고 결심할 필요가 있다. 이것이 그리스도인의 생활에서 끝마쳐야 할 유일한 의무이자 책임이자 일이다. 우리는 반드시 몇몇 자녀를 산출해야 하고 네다섯 명의 자녀를 자신의 돌봄 아래 두어야 한다. 우리의 유일한 길은 사람들을 접촉하는 것이고, 우리의 성공의 유일한 비결은 일생토록 지속적으로 사람들을 접촉하는 것이다.

10

일어나 행동을 취해야 함

Our Need to Rise Up and Take Action

제10장

일어나 행동을 취해야 함

성경: 살전 1:3, 고전 15:58

이번 장에서 나는 우리가 활력 그룹 안에서 계속 전진하도록 격려하기 위해 성경의 두 절을 언급하고 싶다. 데살로니가전서 1장 3절은 믿는 이들의 믿음의 일과 사랑의 수고와 소망의 인내에 대해 말한다. 그다음으로 고린도전서 15장 58절은 "견고하여 흔들리지 말며, 항상 주님의 일을 더욱 많이 하십시오. 여러분이 아는 대로, 여러분의 수고가 주님 안에서 헛되지 않습니다."라고 말한다.

행동을 취해야 함

나는 우리 가운데 많은 사람이 행동을 취함으로 주님을 위해 일할 자격을 갖추었다고 믿는다. 지금까지 우리는 합당한 준비가 필요하다는 것을 강조했다. 우리는 회개하고, 자백하며, 주님과 동반자들과의 친밀한 교통을 가질 필요가 있다. 이런 것들 안으로 들어갔다면 행동을 취할 자격과 준비가 된 것이다. 우리가 이런 것들 안으로 들어가는 것은 정도의 문제이다. 이 시대에서 그리고 육체 안에서 우리는 어떤 일에서도 결코 완벽할 수 없다. 그러나 우리가 반드시 알아야 할 것이 있다. 그것은 우리가 주님을 접촉하고, 주님께 회개하며, 우리의 결점들을 주님께 자백하고, 주님과 그분의 자녀들과의 교통 안에 거하면서 얼마 동안 주님을 추구한다면 행동을 취하도록 준비된다는 것이다.

믿음의 일을 함

우리는 자신의 느낌에 의해서가 아니라 믿음 안에서 행동하고 일하고 수고하기를 배워야 한다. 우리가 사람들을 방문하겠다고 결심할 때부터 침체되어 있다는 느낌이 들지도 모른다. 이것은 흔히 있는 일이다. 우리는 자신의 느낌에 관계없이 여전히 수고해야 한다. 데살로니가전서는 우리의 일이 반드시 믿음에 속한 것이어야 한다고 말한다. 믿음은 우리가 어떤 일도 자신 안에서나 자신에 의해서나 자신의 느낌에 따라 하지 않는다는 것을 의미한다. 우리는 매우 좋고 높은 느낌이 있을 때만 행동하는 사람들이 되어서는 안 된다. 우리는 자신의 느낌에 관계없이 믿음 안에서 행동할 필요가 있다.

우리가 행동하고 바쁠 때 원수 역시 바쁘다. 우리가 잠자고 있다면 원수는 우리를 방문하지 않을 것이다. 그러나 우리가 활발할 때에 주의하라. 왜냐하면 사탄이 더 활발할 것이기 때문이다. 어떤 사람들은 사탄이 더 약한 이들을 찾으러 이리저리 다니고 있다고 말한다. 그런 관념은 별로 정확하지 않다. 사탄은 더 약한 이들과 싸우고 있는 것이 아니다. 사탄은 더 강한 이들, 즉 일어나기로 결심한 이들과 주로 싸우고 있다. 그러므로 우리가 일어날 때 원수 또한 일어난다.

많은 경우, 우리가 주님을 위해 어떤 일을 하려고 노력할 때 환경이 어려워진다. 우리는 주님께서 뜻을 세우신다면 틀림없이 우리를 위해 모든 것을 준비하시고 편리하게 해 주실 것이라고 말할지도 모른다. 이것이 때로는 사실일 수 있지만 많은 경우 그렇지 않다. 바울의 여정을 깊이 생각해 보라. 외적으로 말한다면 그는 번창하지 못했다. 그가 가는 곳마다 많은 어려움과 좌절과 반대와 공격이 뒤따랐다. 그는 주님의 뜻 안에 있었는가, 스스로 행동하고 있었는가? 바울은 틀림없이 주님의 뜻 안에 있었다. 그가 주님 안에서 행동을 취할 때 사탄도 그를 좌절시키려고 행동을 취했다. 우리가 주님 안에서 수고하기 위해 잠에서 깨어 일어날 때 사탄은 우리를 좌절시키려 할 것이다. 따라서 자신의 느낌을 신뢰해서는 안 된다. 우리는 이것을 배워야 한다. 믿음 안에서 수고한다는 것은 우리의 일이 결코 우리에게 속하거나 우리로 말미암은 것이 아니라 다른 분, 곧 우리가 사랑하고 추구하며 우리를 보내신 분으로 말미암은 것임을 의미한다. 우리는 단순하게 그분의 말씀을 좇고 그분의 말씀에 따라 행동을 취해야 한다. 그분은 우리에게, 가서 모든 민족을 제자로 삼으라고 분명하게 말씀하셨다(마 28:19상). 우리는 "주 예수님, 저의 느낌이 아니라 당신의 말씀을 따라갑니다."라고 말씀드려야 한다.

아브라함은 주님의 말씀을 따라 믿음으로 행동한 사람의 본이다. 그는 주님께 부름받고 가나안으로 보내어졌지만, 주님은 그가 어디로 가기 원하시는지를 정확하게 말씀해 주지 않으셨다. 그러나 아브라함은 여전히 주님의 말씀을 따라 행동을 취했다. 히브리서 11장 8절은 이렇게 말한다. "아브라함은 믿음으로, 부름을 받고서 장차 유업으로 받을 땅으로 나아가라는 명령에 순종하였으며, 어디로 가는지도 알지 못하고 나아갔습니다." 아브라함은 나아갈 때 심지어 어디로 가는지도 알지 못했다. 이 상황은 아브라함에게 끊임없이 믿음을 훈련할 기회를 주었다. 이 때문에 아브라함은 하나님의 즉각적인 인도를 받기 위해 그분을 신뢰하고 그분의 임재를 여행 지도로 취해야 했다. 어떤 이들은 만일 주님께 속한 일이라면 주님께서 우리가 해야 할 것과 가야 할 곳을 분명하게 미리 알려 주시고 말씀해 주실 것이라고 생각한다. 실지로는 그렇지 않다. 그분은 운전할 때 지도를 주는 식으로 우리에게 미리 말씀하시는 것이 아니다. 그 대신 주님 자신이 지도이시다. 이런 식으로 아브라함은 한 걸음씩 즉각적으로 주님을 따라 행했다.

어떤 사람들은 주님의 종이 되면 모든 것이 놀라우리라고 생각할지도 모른다. 그러나 사실은 그렇지 않다. 이 세상과 이 시대에서 놀라운 것은 없다. 유일하게 놀라운 것은 주님 자신이다. 그분은 놀라운 분이시다. 그분과 함께 가고 그분을 얻는다면 그것이 바로 놀라운 것이다. 자신과 자신의 느낌을 잊어버려야 하고, 심지어 자신이 누구인지를 고려하는 것도 잊어버려야 한다. 우리 가운데 어떤 이들은 자신이 큰 은사나 기능이 없는 '작은 감자'라고 생각할 수도 있다. 우리는 행동을 취하는 것보다는 돌아가서 잠자고 쉬는 것이 더 낫다고 느낄 수도 있다. 그러나 이것은 사탄의 갈망에 들어맞는 것이다. 우리는 일어나 행동을 취해야 한다.

우리는 이렇게 말할지도 모른다. "저는 주님께서 제가 누구를 접촉하기를 원하시는지 모릅니다. 그래서 저는 어떤 사람들에 대해 기도했습니다. 그러나 한 사람도 저를 만날 준비가 되지 않은 것 같습니다." 결국 주님은 이렇게 말씀하실 것이다. "다만 가라! 네 자신으로 말미암아, 네 자신 안에서, 네 자신과 함께 가지 말고, 나로 말미암아, 내 안에서, 나와 함께 가라." 스스로 간다면 그것은 믿음 안에 있는 것이 아니다. 그것은 주님이 아니라 자신을 신뢰하고 있는 것이다. 우리는 믿음 안에서 즉 주님을 믿음으로써 행동을 취하는 것을 배워야 한다.

때로 우리는 매우 열광하여 자신이 하늘들에 있다고 느낄 수도 있다. 주님은 매우 유망한 두세 명의 접촉 대상자를 우리에게 주실지도 모른다. 그러나 결국 그들에 대해서는 긍정적인 결과가 없을 수도 있다. 사람들을 접촉하여 주님을 위해 말하려고 할 때 대개는 높은 느낌이 없을 것이다. 오히려 가라앉는 느낌이 있을 것이다. 우리는 유망해 보이지 않는 사람을 만날지도 모른다. 그러나 나중에는 그가 놀라운 사람임을 발견할 수도 있다. 우리가 가라앉아 있을 때 그를 접촉했으나 매우 유망한 결과를 얻은 것이다. 이처럼 우리의 수고와 얻는 결과는 우리의 느낌에 달려 있지 않다.

나는 미국에 올 부담을 주님에게서 받았다. 한편으로는 좋았지만 다른 한편으로는 고무적이지 않은 몇 가지 느낌이 있었다. 나는 '미국에 간다면 누구를 접촉할 것인가, 그리고 무엇을 할 것인가?'라는 의구심이 있었다. 어떻게 재정적인 지원을 받을지에 대한 의문도 있었다. 오늘날, 내가 미국에 온 지 삼십이 년이 지났고 긍정적인 결과가 있었다. 사십 년 전에는 우리 가운데 일꾼들의 물질적인 공급을 돌보는 어떤 안배도 없었다. 따라서 일꾼들은 빈손으로 나아갔다. 그러나 나는 미국에 올 때 사실상 빈손이 아니었는데, 두 손안에 주님을 가지고 있었기 때문이다. 우리에게 모든 것이 있다면 우리의 믿음을 훈련할 필요가 없다. 그러나 우리에게 오직 주님밖에 없다면 분명 우리의 믿음을 훈련할 필요가 있다. 주님의 일을 만질 때 우리는 어떤 것도 자신의 느낌으로 해서는 안 된다. 우리는 단순히 믿음으로써 행동을 취해야 한다.

여러분은 회개하고, 자백하고, 주님과 동반자들과의 친밀한 교통을 가지라는 가르침과 권고를 받았다. 여러분 중 대부분이 그렇게 했다. 그러나 지금 여러분은 주저하고, 무엇을 할지 고려하고 있으며, 누구를 접촉해야 할지 잘 모를 것이다. 사랑하는 성도들이여, 나는 이렇게 말하고 싶다. "아브라함처럼 어디로 가는지 알지 못한 채 가십시오." 우리는 준비되어 있다. 우리는 자격이 있다. 다만 가서 사람들을 접촉하라. 나는 결국 주님께서 사람들을 보내 주실 것임을 증언할 수 있다.

최근에 지구상 약 열여덟 개 권역이 나에게 편지하거나 전화하여 나와 접촉했다. 이 권역들은 대만, 한국, 일본, 말레이시아, 필리핀, 인도네시아, 호주, 뉴질랜드, 캐나다, 서유럽, 러시아, 폴란드, 아프리카, 중미, 남미, 푸에르토리코, 카리브해의 섬들, 미국이다. 이것은 내가 미국에 있은 지 삼십이 년 만에 주님의 회복이 얼마나 확산되었는지를 보여 준다. 주님의 회복이 영어권 안으로 이끌리면서 모든 주요 대륙으로 확산되었다. 삼십이 년 전에 나는 이런 일이 일어나리라고 전혀 생각하지 못했다. 내가 대만에 머물면서 행동을 취하지 않으려 했다면 무슨 일이 일어났겠는가? 주님의 회복 안에 있는 우리 모두가 일어나 행동을 취한다면 세상이 뒤집힐 것이다(비교 행 17:6, 흠정역 성경). 우리는 매우 제한적이지만 그분은 제한받지 않으신다. 우리는 자신을 섬기고 있는 것이 아니다. 분명 우리는 섬김을 받을 가치가 없다. 우리는 그분을 섬기고 있다. 우리는 자신의 유익이 아니라 그분의 유익을 위해 그분과 함께 큰 결심을 했다. 우리는 자신을 위해서가 아니라 단지 그분과 그분의 유익을 위해 활력 그룹의 길을 취하고 있다.

우리는 회개하고 자백하고 교통했으며 여전히 교통 안에 머물러 있으므로 나아갈 자격이 있다. 우리는 단순하게 믿음으로써 행동을 취해야 한다. 사랑하는 성도들이여, 오늘날 우리의 행동은 많은 것을 의미한다. 우리가 여전히 주저하고 머뭇거리고 고려하며 자신에게 자격이 없다고 느낀다면 그것은 잘못된 것이다. 다만 행동을 취하라. 이전에 우리는 주님께서 무디의 서원을 얼마나 존중하셨는지를 교통한 적이 있다. 무디는 날마다 최소한 한 사람에게 복음을 전하기로 서원하였다. 그는 자신의 느낌에 관계없이 그렇게 실행했고 주님은 그를 통해 사람들을 구원하셨다.

우리 자신을 신뢰하지 않음

우리는 한 가지만을 해야 한다. 즉 행동을 취할 때 어떤 것도 자신을 신뢰함으로 해서는 안 된다. 다음과 같이 기도하는 태도를 항상 견지하라. "주님, 제가 당신을 위해 얼마나 많이 일했든지, 저는 당신 없이는 아무것도 아닙니다. 저는 사람 편에서 오는 그 어떤 것에도 의존하지 않습니다. 저는 오직 당신만을 신뢰합니다." 1963년에 나는 라스베이거스에 있는 한 무리의 성도들을 방문하기 시작했다. 결국 그들은 집회 장소를 팔고 로스앤젤레스로 이주하여 그곳 교회와 함께 모이기로 결정했다. 나는 이것에 관해 그들에게 한마디도 하지 않았다. 그런데 그들이 그렇게 했다. 나는 단순히 그곳에 가서 그들에게 그리스도를 공급했을 뿐이다. 미국에 오기 전에 나는 이런 일들이 일어날 것을 꿈꾸지 않았다. 나는 주님의 회복이 미국에서 러시아와 폴란드 등의 나라로 확산될 것을 꿈꾸지 않았다.

여러분이 보기에 나는 주님 안에서 무언가를 할 수 있지만 여러분 자신은 할 수 없다고 생각해서는 안 된다. 이것은 잘못된 것이다. 우리 모두가 주님 안에서 무언가를 할 수 있다. 다만 행동을 취해야 한다. 결과는 그분의 축복에 달려 있다. 여러 해에 걸쳐 이것은 내가 좋아하는 기도가 되었다. "주님, 저는 당신의 긍휼을 신뢰합니다. 당신의 축복을 신뢰합니다. 당신의 임재를 신뢰합니다. 당신의 말씀을 신뢰합니다. 당신의 영을 신뢰합니다. 제 자신이나 그 밖의 어떤 것이나 어떤 사람을 결코 신뢰하지 않습니다." 우리 모두가 이런 기도를 할 필요가 있다. 우리 가운데 많은 사람이 여러 해 동안 주님의 회복 안에서 많이 장비되었다. 우리가 주님을 향해 단순함과 단일함을 유지하면서 그분 안에서 행동을 취한다면, 그분은 우리를 통해 일하실 수 있다. 내가 삼십이 년 전에 미국에 오는 행동을 취하지 않았다면 큰 손실이 있었을 것이다. 내가 이것을 말하는 이유는 우리 모두가 행동을 취하도록 격려하려는 것이다.

사람들을 접촉하고
그리스도의 씨를 그들 안으로 뿌림

우리가 행동을 취할 때 그것은 주로 사람들을 접촉하는 것임을 잊어서는 안 된다. 우리는 반드시 사람들에게 관심을 가져야 한다. 사람들을 사랑하고 사람들에게 이야기하기를 좋아해야 한다. 이야기하는 방법을 아는지는 중요하지 않다. 자신이 모르는 것일지라도 무언가를 말하는 편이 더 좋다. 나는 젊었을 때 종종 이렇게 했다. 사람들은 내가 많이 안다고 생각했지만 사실 나는 그렇게 많이 알지 못했다. 그러나 우리가 말할 때 주님은 우리를 통해 말씀하실 길을 얻으신다. 너무 많이 이야기할 필요가 없다는 것을 잊지 말라. 그리스도에 관해 단지 몇 문장만 이야기하라. 우리는 사람들을 접촉하는 것을 통해 그리스도의 씨를 뿌려야 한다. 그러면 이 씨가 자랄 것이다. 지금은 우리 모두가 행동을 취할 때이다. 더 많이 행동할수록 더 많이 배울 것이다. 내가 여러 해에 걸쳐 얻은 것은 대부분 행하고 배우는 과정을 통해서였다.

장로들에게 하는 말

나는 활력 그룹을 계속하는 것에 관해 장로들에게 한마디 하고 싶다. 장로들은 양 떼를 목양하는 이들이 되어야 한다. 장로들은 백 퍼센트 활력 그룹을 위하지만 양 떼에게 권유하는 일은 하지 않을지도 모른다. 그들은 양들이 활력 그룹에서 어떻게 행하는지를 알아보러 개별적으로 접촉하는 일은 하지 않을지도 모른다. 나는 이것이 염려된다. 장로들은 성도들을 양육하기 위해 무언가를 해야 한다. 그들은 목자들일 뿐 아니라 양 떼의 맨 앞에 있는 '선두에 서는 양'이기도 하다. 선두에 서는 양이 행동하지 않는다면 양 떼 전체가 멈출 것이다. 장로들은 다른 이들을 책망할 필요가 없다. 단지 양들을 돌보기만 하면 된다. 그들은 몇몇 성도들을 매주 접촉하여 교통해야 한다. 그런 교통에 의해 성도들은 분발되어 전진할 것이다.

장로들은 감독하기 위해 어떤 행동을 취해야 하지만, 실제 상황을 알아내려고 다른 이들을 감독하는 것을 좋아하지 않을지도 모른다. 어떤 장로들은 성도들의 마음을 상하게 할까 염려하여 이렇게 하기를 두려워할지도 모른다. 그러나 내가 확실하게 말할 수 있는데, 대부분의 성도는 장로들이 자신을 방문해 주기를 원한다. 대부분의 성도는 장로들을 사랑하여 만나서 교통하고 싶어 한다. 어떤 성도는 장로들을 좋아하지 않을 수도 있지만, 장로들은 여전히 그를 방문하도록 힘써야 한다. 이 년 후에 그는 특정 장로에게 이렇게 말할 수도 있다. "형제님이 저에게 얼마나 많은 도움을 주셨는지 모르실 것입니다. 이 년 전에 형제님이 저를 방문하러 오지 않으셨다면 저는 여기에 있지 않았을 것입니다. 저는 교회생활 밖에 있었을 것입니다."

우리는 자신의 문화나 조성에 따라 일해서는 안 된다. 우리는 주님의 필요에 따라 일해야 한다. 주님은 한 양 떼가 필요하시고 또한 양 떼를 목양하는 장로들이 필요하시다. 물론 나는 많은 장로가 성도들을 마음 상하게 하거나 불쾌하게 하지 않도록 매우 조심한다는 것을 알고 있다. 이것은 잘하는 것이다. 그러나 부모가 자녀들을 아주 친절하게만 대하고 교정하지 않는다면 그들을 망치게 될 것이다. 나는 온전하게 된 성도들이 자신을 합당하게 돌보아 준 장로들에게 결국 감사하게 될 것임을 지적하려고 이 말을 한다.

나는 장로들과 나머지 모든 성도에 대해 부담이 있다. 성도들은 이렇게 생각할 수도 있다. "우리는 작고, 한 달란트밖에 없다. 우리가 무엇을 할 수 있겠는가? 무언가를 할지라도 어떤 결과도 없을 것이다. 그러니 하지 않는 편이 낫다. 차라리 기다리는 편이 낫다." 또한 장로들은 이렇게 생각할 수 있다. "우리는 성도들에게 너무 많은 영향을 끼치지 않도록 주의할 필요가 있다. 그들에게 너무 많은 영향을 끼치면, 그들을 간섭하고 성가시게 하고 마음 상하게 하여 그들을 잃게 될 것이다." 이처럼 장로들에게 자유로운 느낌이 없는 것은 그들이 성도들에게 매여 있기 때문이다.

나의 부담은 모든 성도가 일어나 행동을 취하도록 하는 데 있다. 나는 또한 장로들이 일어나서 양 떼를 감독하고 목양하여 활력 그룹의 길 안에서 전진하도록 도와주는 것을 보고 싶다. 우리 모두가 일어나서 날마다 사람들을 접촉한다면, 주님은 무언가를 얻을 길을 가지실 것이다. 다만 매일 한두 사람을 접촉하라. 말하는 법을 몰라도 다만 말하라. 말을 한다면, 말하는 법을 배우게 될 것이다. 이런 훈련은 우리의 행동이 뒤따라야 한다. 우리가 사람들을 접촉하기 위해 행동하는 것을 막을 어떤 이유나 구실이 없다.

기도의 영 안에서
인내하며 사람들을 접촉함

언제나 기도의 영 안에서 사람들을 접촉하라. 나는 우리 모두가 바쁘고 시간이 많지 않다는 것을 분명히 안다. 주님께 기도할 시간을 떼어 놓기가 쉽지 않을 수 있다. 물론 시간을 떼어 놓는다면 훨씬 더 좋겠지만, 차를 몰고 출근하는 동안에도 이렇게 기도할 수 있다. "주님, 저는 오늘 누구를 접촉해야 할지 모릅니다. 접촉할 사람을 한두 명 주십시오." 그럴 때 우리는 기도의 영 안에서 사람들을 접촉할 수 있다.

사람들을 접촉할 때마다 그리스도에 관해 무언가를 말하여 그리스도의 씨를 그들 안으로 뿌릴 기회를 붙잡으라. 사람들은 이렇게 그들 안에 뿌려진 말씀을 결코 잊을 수 없다. 사람들은 즉시 반응하지는 않겠지만 결국에는 반응할 것이다. 그들은 심지어 생애 마지막에 반응할 수도 있는데, 이것은 그들 안으로 뿌려진 그리스도의 씨가 결코 헛되지 않음을 보여 준다. 이 때문에 고린도전서 15장 58절에서 바울은 이렇게 말한다. "견고하여 흔들리지 말며, 항상 주님의 일을 더욱 많이 하십시오. 여러분이 아는 대로, 여러분의 수고가 주님 안에서 헛되지 않습니다." '더욱 많이 하는 것'은 증가하고 번성하는 것을 의미한다. 수고하려면 인내가 필요하다. 그러므로 데살로니가전서 1장 3절에서 바울은 우리가 일하고 수고할 때 인내해야 함을 지적한다. 이것은 우리가 주님 안에서 행하는 모든 것이 헛되지 않기 때문이다. 그분께서 당장 결과를 주신다면 그것은 좋은 일이다. 하지만 그렇지 않더라도, 여전히 우리에게는 그분 안에서 그분을 위해 행하는 모든 것이 헛되지 않으리라는 믿음이 있다.

정상적인 그리스도인의 생활

정상적인 그리스도인의 생활을 하려면 세 가지가 매우 필요하다. 첫째는 주님을 추구하는 것이고, 둘째는 집회에 나오는 것이고, 셋째는 사람들을 접촉하러 가는 것이다. 정상적인 그리스도인이 되기를 원한다면 다만 이 세 가지를 행하라. 먼저 우리는 주님의 생명을 얻기 위해 주님을 추구해야 한다. 우리는 그분을 체험하고 그분 안에서 자라며 그분을 살고 표현하기를 갈망해야 한다. 바울은 "이제는 더 이상 내가 사는 것이 아니라, 그리스도께서 내 안에 사십니다."(갈 2:20)라고 말한다. 그분께서 내 안에 사시므로 나는 그분을 산다. 그다음에 우리는 매주 교회 집회에 참석하고 사람들을 접촉하러 가야 한다. 우리가 이 땅에 존재하는 의미는 그저 생존을 위해 생활비를 버는 것이 아니다. 이 땅에서의 우리의 삶은 주님을 위한 것이며 우리가 사람들을 접촉하는 것을 통해 주님께서 그들을 얻으시기 위한 것이다. 매년 우리는 주님을 위해 누군가를 얻도록 노력해야 한다. 이것이 우리 그리스도인들에게 있어 삶의 참된 의미이다.

사람들에게 말할 때 우리는 그리스도의 씨를 뿌린다는 것을 항상 기억해야 한다. 성경에 근거하여 무언가를 말하고, 접촉하는 사람들 안으로 말씀을 뿌리라. 이 씨가 그들 안에 남게 되고 우리의 일은 결코 헛되지 않을 것이다. 또한 우리는 사람들을 방문할 때, 준비해 둔 복음 소책자를 가지고 가서 그들에게 나누어 주어야 한다. 이 책자를 통해, 우리가 접촉하는 사람들뿐만 아니라 그들의 친구와 가족 안으로 무언가가 뿌려질 것이다. 우리에게서 소책자를 받은 누군가가 그것을 커피 탁자 위에 둘 수도 있다. 그러면 그의 가족이 그것을 읽을지도 모른다. 이것이 복음의 씨를 뿌리는 것이다.

11

주님 안에 거하고 그 영을 따라 행함으로 생수의 강들을 흘려 보냄

Abiding in the Lord and
Walking according to the Spirit
to Flow Rivers of Living Water

제11장

주님 안에 거하고 그 영을 따라 행함으로 생수의 강들을 흘려 보냄

성경: 요 15:5, 7:38-39, 롬 8:4, 행 4:31, 살전 5:17-19

개요

Ⅰ. 주님 안에 거함 — 요 15:5.

Ⅱ. 영(또는 그 영)을 따라 행함 — 롬 8:4.

Ⅲ. 생수의 강들을 흘려 보냄 — 요 7:38-39.

Ⅳ. 성령으로 가득 채워짐으로 — 행 4:31.

Ⅴ. 끊임없이 기도하고 모든 일에 감사하여 그 영을 끄지 않음으로 — 살전 5:17-19.

지성소 안에 깊이 들어가 은혜의 보좌 만질 때
지성소 안에 깊이 들어가 은혜의 보좌 만질 때
할렐루야 할렐루야 은혜의 강물 흐르네
할렐루야 할렐루야 은혜의 강물 흐르네

지성소 안에 깊이 들어가 휘장 안에 생활할 때
지성소 안에 깊이 들어가 휘장 안에 생활할 때
할렐루야 할렐루야 영광의 빛 나를 덮네
할렐루야 할렐루야 영광의 빛 나를 덮네

주의 영 안에 함께 돌아와 주 앞에 기도할 때에
주의 영 안에 함께 돌아와 주 앞에 기도할 때에
할렐루야 할렐루야 생명수 근원 만지네
할렐루야 할렐루야 생명수 근원 만지네

(찬송가 557장)

기도: 주님, 이 찬송은 우리의 참된 기도입니다. 이 기도에 응답해 주십시오. 우리는 당신의 모든 백성이 이런 사람이 되는 것을 보기 원합니다. 주님, 우리와 함께해 주십시오. 우리에게 살아 있는 말씀, 열린 말씀을 주시고 심지어 시작하는 말씀도 주십시오. 당신께 감사드립니다.

주님 안에 거함

요한복음 15장에서 주 예수님은 이 우주 안에서의 하나님의 경륜을 매우 간단한 방식으로, 포도나무 곧 참포도나무에 대한 비유의 방식으로 밝혀 주셨다. 그러나 여기서의 계시는 그렇게 간단하지 않다. 이번 장에서 나의 부담은 주님께서 이 비유에서 지적하신 우리의 신분을 보여 주는 것이다. 그리스도인 곧 그리스도 안의 믿는 이가 되고 그리스도를 따르는 이가 되려면, 우리는 어떤 사람들이어야 하는가? 주님은 그분 안에서의 우리의 신분이 그분의 가지라고 말씀하셨다. 즉 우리가 그분 자신을 뻗어 내는 그분의 일부라는 것이다(요 15:5).

우리는 하나님에 의해 아담 안에서 창조되었으며 또 아담 안에서 태어나게 되었다. 그것이 우리의 신분이었다. 그러나 하나님은 우리를 아담에게서 그리스도 안으로 옮겨 넣으셨다(고전 1:30). 우리가 그리스도 안에 있는 것은 생명 안에서의 연결로서, 우리를 생명과 본성에서 그리스도와 하나 되게 한다. 그분은 나무이시고 우리는 가지들이다. 나무와 가지들은 어떤 차이도 없는데, 그것은 나무와 가지들이 한 실체이기 때문이다. 그분과 우리의 유일한 차이는, 그분은 우리가 가지로서 그분을 뻗어 내는 것이 필요하시고 우리는 그분께서 우리의 공급과 모든 것이 되시는 것이 필요하다는 것이다.

이 땅에서의 우리의 기능과 위임을 여기서 볼 수 있다. 포도나무의 가지는 열매를 맺는 것 외에는 다른 목적이 없다. 열매를 맺는 것은 생명의 흐름의 결과이다. 우리가 열매를 맺으려면 반드시 그리스도 안에 거해야 한다. 요한복음 15장 5절에서 주님은 이렇게 말씀하셨다. "나는 포도나무요, 여러분은 가지들입니다. 그가 내 안에, 내가 그 안에 거하면, 그 사람은 열매를 많이 맺습니다. 왜냐하면 나를 떠나서는 여러분이 아무것도 할 수 없기 때문입니다." 열매를 맺으려면 그분 안에 거하고, 그분 안에서 생명의 연결 안에 머물며, 항상 자신을 그분과 하나 되게 하고, 결코 그분에게서 분리되지 않아야 한다. 우리가 그분에게서 떨어져 있다면 자신의 신분을 잃어버리고 기능이 무력하게 되는 것이다. 따라서 우리는 아무것도 할 수 없게 된다.

오늘날의 수많은 그리스도인을 보라. 그 누가 가지로서 기능을 발휘하여 그리스도를 뻗어 내고, 열매를 맺음으로 그리스도를 산출하고 있는가? 기독교 안에서는 성직자 계급, 즉 교육받고 훈련받은 목사들과 전도사들을 볼 수 있다. 그들은 무엇을 하고 있는가? 그들 중 많은 사람이 일을 하고 있지만, 살아 있는 일을 하지 않는다. 그들은 포도나무의 가지들로서 생활하지 않는다. 게다가 소위 평신도는 대부분 기능이 무력하게 되어 쓸모가 없어졌다. 요한복음 15장에 있는 이 비유에서 그려지고 묘사된 그림을 어디에서 볼 수 있는가? 오늘날 이 땅에서는 이런 그림을 보기가 힘들다.

우리는 또한 요한복음 15장의 빛 안에서 우리의 상황을 살펴볼 필요가 있다. 우리는 그리스도를 사랑하고, 그리스도를 추구하고, 그리스도를 따른다. 그러나 우리는 포도나무 가지로서 생활하지 않는 것을 시인하고 자백해야 한다. 즉 그분 안에 항상 거하지 못함으로 그분을 흘려 보내고 뻗어 내어 열매를 맺는 결과에 이르지 못한다는 것이다. 나는 한 가지를 분명히 밝혀 두고 싶다. 그것은 활력 그룹이 우주 인의 거대한 포도나무의 참된 가지로서 생활하는 정상적인 믿는 이들이라는 것이다. 우리가 복음을 전파하여 사람들을 얻는 것은 그저 인수 증가를 위해서가 아니다.

우리는 주님의 회복 안에서 주님을 사랑하고 추구하는 모든 사랑스러운 성도들이 살아 계신 그리스도의 지체라는 자신의 신분을 보기를 기대한다. 살아 계신 그리스도의 지체들이 곧 포도나무의 가지들이다. 우리는 열매를 맺고 그분을 흘려 보내고 뻗어 내기 위한 포도나무의 가지들이다. 이것이 우리의 기능이다. 이것이 우리의 위임이다. 이것은 우리가 지속적으로 포도나무 안에 거함으로써만 일어날 수 있다.

그 영을 따라 행함

로마서 8장 4절은 정상적인 그리스도인들이 영을 따라 행해야 한다는 것을 보여 준다. 여기서 영에 해당하는 영어 단어의 첫 글자는 '소문자 에스(s)' 또는 '대문자 에스(S)'로 표기될 수 있다. 이것은 사람의 영과 신성한 영이 한 영으로 연합되어 있기 때문이다. 오늘날 이 우주 안에 심지어 이 땅 위에 그 영이라 불리는 한 인격이 있는데, 우리는 그 인격과 한 영이다(고전 6:17). 정상적인 그리스도인들인 활력 그룹의 사람들은 영을 따라 살고 활동하고 행하고 처신하는 이들이어야 한다. 즉 그들은 영에 부합되지 않는 것은 어떤 것도 하려고 하지 않는다. 그들은 선한 일과 최고의 도덕 표준에 따른 일조차도 영에 부합되지 않으면 하려고 하지 않는다.

오직 연합된 영을 따라 일하는 사람은 정상적인 그리스도인이며 분명 활력 그룹의 구성원이다. 그런 사람은 기능을 발휘하는 포도나무 가지임이 틀림없다. 그런 사람은 항상 자신의 생각을 영에 둔다(롬 8:6). 또한 모든 일에서 그 영과 하나 되기 위해 육체와 자아와 타락한 인성을 멀리하는 법을 알고 있다.

생수의 강들을 흘려 보냄

우리가 영을 따라 행하면 자연히 어떤 결과가 있는데, 그 결과는 그리스도를 흘려 보냄으로 열매를 맺는 것이다. 열매를 맺는 것은 그리스도를 다른 이들 안으로 전달하는 것이다. 신약에서 주어진 계시에 따르면, 그리스도 안에 거하고 영을 따라 행하는 사람은 항상 말함으로 흘려 보낸다. 말하는 것이 없다면 흘려 보내는 것도 없다. 흘려 보내는 것은 바로 말하는 것이다. 한 해의 첫날부터 마지막 날까지 그리스도에 관해 아무에게도 말하지 않는다면 그리스도를 흘려 보내지 않는 것이다. 우리가 얼마나 많이 그리스도를 누리고 그분의 풍성에 참여한다고 느끼든지 상관없이, 우리 안에 있는 생명의 흐름이 멈춘 것이다.

흘려 보내는 것은 말하는 것이다. 요한복음 7장 38절에서 주님은 "나를 믿는 사람은 성경에서 말한 대로 그의 가장 깊은 곳에서 생수의 강들이 흘러나올 것입니다."라고 말씀하셨다. 가지가 생명으로 가득하다면 자연스럽게 생명이 흘러나올 것이다. 그 영으로 충만해질 때, 우리는 그리스도로 충만해지고 우리의 말하는 기관이 그리스도를 말해 내도록 열릴 것이다. 나는 젊었을 때, 주변에 사람이 없어도 말했다. 우리는 아주 충만할 때 반드시 흘려 보내야 한다. 즉 말해야 한다. 지금까지 우리는 활력 그룹의 신분과 위임과 기능을 보았다.

우리는 인수가 증가하는 것만을 보기 원한다는 인상을 받을 수도 있다. 나는 우리가 일 년에 한 사람을 얻도록 힘쓰고 항상 네다섯 사람을 우리의 돌봄 아래 두어야 한다고 말한 적이 있다. 나를 비판하는 어떤 사람들은 내가 변했다고 말했다. 그들은 이전에는 내가 생명에 대해 말했는데 이제는 통계와 예산과 인수에 대해서만 말한다고 했다. 그것은 그들의 오해이다. 내 말뜻은 그런 것이 아니다. 우리가 누군가를 주님께로 이끄는지의 여부는 문제가 되지 않는다. 문제는 우리가 정상적인 그리스도인의 생활, 즉 항상 주님 안에 거하면서 모든 것에서 영을 따라 살고 행하고 처신하는 생활을 하지 않는 것이다. 정상적인 그리스도인의 생활을 하는 사람이라면 항상 그리스도를 말할 것이다. 하나님의 구원을 말하고 은혜이신 하나님을 말할 것이다. 우리는 어떤 열매가 있을지를 잊어버려야 한다. 내가 여러분에게 확언하는데, 분명 얼마간의 열매가 있을 것이다. 그 열매는 우리가 흘려 보낸 것의 산물일 것이다.

성령으로 가득 채워짐으로, 또한 끊임없이 기도하고 모든 일에 감사하여 그 영을 끄지 않음으로

사도행전 4장 31절은 제자들이 기도할 때 '그들이 모여 있던 곳이 흔들리고 그들 모두가 성령으로 충일되어 담대하게 하나님의 말씀을 말하기 시작하였다'고 말한다. 그때 제자들은 한 무리의 갈릴리 사람들로서, 박해하는 유대 종교인들의 위협 아래서 예루살렘에 살고 있었다. 그러나 그들은 주님 외에 아무것도 주의하지 않았다. 오직 주님만을 사랑했다. 그들은 주님을 따르고 있었다. 하나님의 아들 그리스도 외에는 아무것도 알지 못했다. 그들은 온종일 끊임없이 기도했다. 모든 일에서 하나님께 감사드리고 즐거워하며 기뻐했다. 따라서 그들은 그 영을 끄지 않았다(살전 5:17-19). 자신의 영을 부채질하여 불타오르게 하였다(딤후 1:6-7). 그들은 그런 사람들이었다. 내적으로뿐 아니라 외적으로도 그 영으로 가득 채워져 있었다. 그들은 그 영으로 충만했다. 물이 절반만 채워진 컵은 충만하지 않다. 물을 부어서 컵을 충만하게 한다면 물이 컵에서 흘러나올 것이다. 사도행전 4장 31절에 있는 사랑스러운 성도들은 그리스도로 가득 채워졌다. 그러므로 그들은 끓어오르고 있었다. 그들은 담대하게 하나님의 말씀을 말했다.

내가 지금 여기에서 교통하고 있는 내용은 지난 이 년 동안 전한 메시지들에서 중요한 부분을 뽑은 것이다. 그리스도 안의 믿는 이들이 되는 것은 그리스도의 일부분과 그리스도의 지체와 그리스도의 가지가 되는 것임을 잊지 말라. 우리는 포도나무의 가지이다. 나무의 가지는 나무의 일부분이다. 그리스도의 일부분으로서 우리는 무엇을 해야 하는가? 우리는 나무이신 그분 안에 거하고, 생명의 연결 안에서 그분과 하나 되며, 모든 것에서 영을 따라 살고 행동하고 처신할 필요가 있다. 우리는 항상 하나님께 기도하면서 모든 일에 감사드려야 한다. 그럴 때 그 영으로 가득 채워지고, 말함으로써 그리스도를 흘려 보내게 될 것이다.

사랑하는 성도들이여, 이것이 활력 그룹이다. 이것이 주님께서 나에게 보여 주신 것이다. 내가 보기를 기대하는 것은 회복 안의 사랑스러운 여러분 모두가 이런 사람이 되는 것이다. 우리는 록 음악이나 어떤 불순한 방법으로 사람들을 얻지 않을 것이다. 우리는 모든 사람에게 순수하게 그리스도를 말하고 은혜를 말하고 하나님을 말함으로 사람들을 얻을 것이다. 어떤 의미에서 우리는 사람들이 우리를 이해하는지, 우리가 말하는 것을 알아듣는지를 주의해서는 안 된다. 우리는 말하는 것, 즉 항상 생수의 강들을 흘려 보내는 것에만 주의를 기울여야 한다.

우리 각 사람은 말함으로써 주님으로 끓어올라야 한다. 이와 같지 않다면 우리는 바람 빠진 타이어이다. 우리가 충만하지 않은 이유는 기도하지 않기 때문이다. 기도하지 않는 이유는 그리스도에게서 멀어져 있기 때문이다. 우리에게서 흘러나오는 것이 없는 이유는 영을 따라 생활하지 않기 때문이다. 우리는 그리스도께 빠져야 한다. 그리스도 안에 거함으로, 그리스도와의 생명 연결 곧 유기적인 연결 안에 계속 머물러야 한다. 우리는 영을 따라 행하고 살고 처신해야 한다. 그러면 날마다 어디에서든지 그리스도를 말할 것이다. 이것이 우리가 보기 원하는 것이다. 이것이 그리스도인들의 활력 그룹이다.

우리는 그리스도인들이므로, 참된 그리스도인이 그리스도의 가지라는 것을 반드시 깨달아야 한다. 우리의 신분은 가지이다. 그리스도의 가지들인 우리는 영을 따라 행함으로 산다. 그럴 때 자연스레 우리는 말함으로 흘려 보낸다. 주님의 회복 안의 모든 사랑스러운 성도들은 이와 같이 되어야 한다. 나는 새 길과 하나님께서 정하신 길과 활력 그룹에 관해 많은 메시지를 전했다. 나는 일하는 법과 일을 이루어 내는 법에 대해 많은 질문을 받았다. 우리는 너무 복잡해지지 말아야 한다. 모든 일을 단순하게 만들어야 한다.

우리는 큰 포도나무이신 그리스도의 가지들이다. 이것이 우리의 신분이다. 우리는 그분 안에 거함으로 그분을 흘려 보내고, 그분을 뻗어 내며, 말함으로써 은혜의 강을 흘려 보내어 열매를 맺어야 한다. 주위에 한 사람도 없다면 심지어 천사들에게 말할 수 있다. 우리는 천사들에게 그들이 우리의 종이라는 것과 우리가 그토록 큰 구원의 상속자라는 것을 말할 수 있다(히 1:14, 2:3상). 주위에 한 사람도 없다면 심지어 방에 있는 가구에도 말할 수 있다. 어떤 사람들은 이것이 미친 짓이라고 생각할지 모르지만 사실은 맑은 생각의 영을 훈련하는 것이다(딤후 1:7). 항상 생수의 강들을 흘려 보내는 것이 정상이다.

우리의 모든 문제를 잊어버리라. 단순히 우리가 포도나무의 가지임을 인식하라. 우리의 땅에 속한 직업이 무엇이든, 실지로 우리는 다만 그리스도의 가지이자 그리스도의 일부분이다. 그리스도의 가지로서 우리는 그분을 뻗어 내고, 그분을 살고, 그분을 표현하고, 그분을 다른 이들에게 분배한다. 그분과 함께 머무르고 그분 안에 거하고 그분과의 유기적인 연결 안에서 생활하라. 그럴 때 자연스럽게 모든 것을 영을 따라 하게 될 것이다. 항상 기도하고 감사하며 기뻐하는 사람이 될 것이다. 결코 그 영을 끄지 않고 항상 부채질하여 불타오르게 할 것이다. 그럴 때 우리는 그리스도로 너무나 충만한 나머지, 말함으로써 그리스도를 흘러넘치게 할 것이다.

말하는 것이 흘려 보내는 유일한 길이다. 우리는 이것만을 주의해야 한다. 그럴 때 문제가 없다. 유일한 문제는 우리가 자신의 신분을 버리는 것이다. 우리는 가지들이 아니라 그 이상의 무언가가 되고 싶어 한다. 사람들은 나에게 "어떻게 영적인 사람이 될 수 있습니까?"라고 묻곤 한다. 그런 질문들로 고민하거나 복잡해져서는 안 된다. 그 대신에 다만 그리스도의 가지들이 되어야 한다. 이것은 매우 간단하다.

여러 해 동안 나는 하나님께서 정하신 길과 그 네 가지 단계에 관해 말했다. 첫 번째 단계는 낳는 것이고, 두 번째 단계는 양육하는 것이며, 세 번째 단계는 가르치는 것이고, 네 번째 단계는 신언하는 것이다. 우리는 이 모든 용어를 받아들였겠지만, 복잡해지고 심지어 혼란스러워졌을지도 모른다. 나는 여러분에게 혼란스러워하거나 복잡해지지 말라고 말할 부담이 있다. 다만 단순해지라. 다만 자신이 그리스도의 가지임을 깨닫고서, 그분 안에 거하며 영을 따라 행하고 살고 처신하라. 틀림없이 우리는 찬양하는 사람이 되고, 감사하는 사람 즉 하나님께 항상 감사드리는 사람이 되며, 기도하고 기뻐하는 사람이 될 것이다. 그럴 때 우리는 그 영으로 가득 채워질 것이다. 우리는 다른 이들에게 말함으로 그 영을 부을 것이다. 그들이 구원받을 것인지에 대해서는 주의하지 말라. 오직 주님만이 아신다. 다만 우리의 위임을 수행하라. 우리의 기능은 열매를 맺는 것이고, 열매를 맺는 것은 그저 일종의 행위가 아니라 생활이다. 우리 모두는 이렇게 말해야 한다. "저는 다만 하나의 가지로서, 그리스도 안에 거하고 영을 따라 행함으로 그리스도를 생수의 강들로 흘려 보냅니다."

12

사랑의 수고

The Labor of Love

제12장
사랑의 수고

성경: 살전 1:3, 골 1:28-29, 2:1, 고전 3:8, 15:10, 58

개요

Ⅰ. 활력 그룹은 데살로니가전서 1장 3절에 있는 사도 바울의 기도에 따라 힘써 나아가야 함.

A. 믿음의 일에 관해.

B. 사랑의 수고에 관해.

C. 소망의 인내에 관해.

Ⅱ. 믿음의 일.

A. 하나님과 그분의 능력을 믿음.

B. 하나님의 영과 그분의 말씀을 믿음.

C. 우리의 능력이나 방법이나 그 밖의 어떤 것도 믿지 않음.

D. 믿음의 일은 우리 그리스도인의 봉사의 기초임.

Ⅲ. 사랑의 수고.

A. 우리의 믿음의 일의 내재적인 원동력.

B. 우리의 믿음의 일의 내적인 생명.

C. 우리의 믿음의 일의 참된 힘.

D. 우리의 믿음의 일에서 열매를 많이 맺는 열쇠.

Ⅳ. 소망의 인내.

A. 영광을 가지고 장차 오실 그리스도께 둔 소망.

B. 장차 올 왕국의 보상에 둔 소망.

C. 소망의 인내는 우리의 믿음의 일을 오래 지속되게 함.

   1. 실망시키고 낙담시키는 불가능한 각종 일을 정복함.
   2. 각종 반대와 장애와 좌절을 극복함.
   3. 하나님과 그리스도의 왕국을 위해 죄인들을 얻고, 믿는 이들을 먹이고, 성도들을 온전하게 하고, 그리스도의 몸인 교회를 건축하는 것으로 완결됨.

기도: 주님, 당신께 감사드립니다. 우리에게 필요한 것은 전적으로 당신입니다. 주님, 우리는 당신이 필요합니다. 오늘 밤 이 순간, 당신께서 보배로운 피로 우리를 깨끗하게 하시는 것이 필요합니다. 주님, 우리는 그 영이신 당신이 필요하며 말씀이신 당신이 필요합니다. 말씀과 그 영으로서 우리를 방문해 주십시오. 우리가 당신을 섬기는 것에 대해 어떻게든 말하는 동안 우리와 함께해 주십시오. 우리와 한 영이 되셔서 우리가 당신과 한 영이 되도록 해 주십시오. 새로운 구변, 새로운 빛, 새로운 빛 비춤, 심지어 새 힘을 주는 새로운 격려를 우리에게 허락해 주십시오. 주님, 다시 한번 간구합니다. 당신의 효능 있는 피로 우리를 덮어 주십시오. 아멘.

이 장에서 나의 부담은 단 한 단어, 바로 '수고'이다. 데살로니가전서 1장 3절에서 사도 바울은 다음과 같이 말했다. "또한 우리는 여러분의 믿음의 일과 사랑의 수고와 우리 주 예수 그리스도께 둔 소망의 인내를 우리 하나님, 곧 우리 아버지 앞에서 끊임없이 기억하고 있습니다." 여기서 사도는 데살로니가 사람들에 관해서 먼저는 그들의 믿음의 일을, 그다음으로 그들의 사랑의 수고를, 마지막으로 그들의 소망의 인내를 기억했다.

일과 수고 사이에는 차이가 있다. 바울은 먼저 '일'이라는 단어를 사용하여 데살로니가 믿는 이들의 믿음의 일을 언급했다. 그런 다음 '수고'라는 단어를 사용하여 그들의 사랑의 수고를 언급했다. 활력적이 되는 것만큼 우리를 소진하는 것은 없다. 활력적이 되기를 갈망한다면 반드시 소진될 준비를 해야 한다. 단 하루 만에 활력적이 되는 것은 이치에 맞지 않는다. 활력적이 되려면 먼저 수고해야 한다. 모든 농부는 단지 일하는 것만으로는 충분하지 않다는 것을 안다. 농부는 반드시 수고해야 한다. 이것이 우리에게 인내가 필요한 이유이다. 일하는 데에는 그다지 많은 인내가 필요하지 않지만, 수고하려면 인내가 필요하다.

바울의 수고와 분투

골로새서 1장 28절에서 바울은 자신이 그리스도를 전파하여 온갖 지혜로 각 사람에게 권면하고 각 사람을 가르친 것은, 각 사람을 그리스도 안에서 충분히 성장한 사람으로 하나님께 드리기 위한 것이었다고 말한다. 그다음 29절에서 그는 이것을 위하여 자신 안에서 능력으로 운행하시는 하나님의 운행에 따라 수고하며 분투하고 있었다고 말한다. 그다음 절인 2장 1절에서 바울은 골로새 사람들에게 이렇게 말한다. "여러분과 라오디게아에 있는 사람들과 심지어 나의 육신의 얼굴을 보지 못한 모든 사람을 위하여, 내가 얼마나 분투하고 있는지를 여러분이 알기 바랍니다." 이 절들에서 바울은 자신이 분투함으로 수고했다고 말한다. 이것은 무언가가 바울을 반대하고 대적했으므로 그가 분투할 필요가 있었음을 시사한다. 1장 29절에서 '분투하고'라는 단어는 씨름할 때처럼 '싸우고'라고도 번역될 수 있다. 이것은 우리가 수고하려면 싸우는 영, 곧 분투하는 영이 필요함을 가리킨다.

고린도전서 3장 6절에서 바울은 "나는 심었고, 아볼로는 물을 주었습니다. 그러나 하나님께서 자라게 하셨습니다."라고 말한다. 심는 것과 물을 주는 것은 일에 불과한 것이 아니라 수고하는 것이다. 우리는 어느 날 씨를 심고서 이틀 뒤에 그것이 성장하기를 기대할 수 없다. 씨를 심은 뒤에는 반드시 돌보아야 한다. 한 주 뒤에도 거의 성장하지 않은 것 같고 두 주가 더 지나도 비슷하게 보일 수 있다. 이 때문에 우리는 지칠 대로 지치고 때로 낙담하기까지 할 것이다. 그리하여 헛되이 심고 물을 주었다고 생각할지도 모른다. 그러나 우리는 계속해서 땅을 일구고 거름을 주며 매일 물을 줌으로 수고해야 한다. 바울은 이 모든 예를 들어 자신이 어떤 일을 하고 있었는지를 보여 준다.

고린도전서 15장 10절에서 바울은 자신이 다른 모든 사도들보다 더 많이 수고했다고 말한다. 그다음으로 58절에서 그는 우리에게 우리의 수고가 주님 안에서 헛되지 않은 줄을 알고서 견고하여 흔들리지 말고 항상 주님의 일을 더욱 많이 하라고 충고한다.

수고를 통해
일 년에 한 사람을 얻음

주님을 섬길 때 우리는 한 주 동안 매우 열렬하다가 그 후에 지칠 수도 있다. 우리는 수고할 필요도 있고 인내할 필요도 있다. 나는 활력 그룹에 관한 문제를 처음 말하기 시작할 때부터 인내의 필요성을 강조했다. 우리가 삼백육십오 일 안에 한 사람을 구원할 수 있다면, 그것은 놀라운 일이다. 이 년 반 동안 수고하여 아무도 얻지 못했지만 여전히 수고하고 있음을 자랑스러워하는 사람이 우리 가운데 많을지 의문이다. 여러분이 이러하다면 축복을 받을 것이다. 여러분은 결국 자신이 가장 열매가 많은 사람임을 보게 될 것이다.

어떤 성도들은 나에게 쓴 편지에서, 그들이 열매를 맺기 위해 삼 주 혹은 삼 개월 동안 하나님께서 정하신 길을 실행했는데 어떤 결과도 보지 못했으며 따라서 이 길은 효과가 없다고 말했다. 그러나 여자가 임신을 하고 그다음 날 아기를 낳는 것은 불가능하다. 한 아이를 낳으려면 아홉 달의 기간이 필요하다. 우리는 일 년 안에 한 사람을 주님께 인도하는 것을 작은 일로 여겨서는 안 된다. 그것은 기뻐해야 할 놀라운 일이다.

활력 그룹을 실행하려면 어떤 방식으로라도, 어떤 대가를 치르더라도 기꺼이 수고할 만큼 활력적이 되어야 한다. 이것은 인내할 것을 요구한다. 여러분이 반년 동안 꾸준히 누군가를 방문했는데 아무 일도 일어나지 않는다고 하자. 그래도 여러분은 계속해서 가야 한다. 많이 수고하는데 아무 일도 일어나지 않는다고 해서 수고를 멈춘다면 무슨 일이 일어나겠는가? 겉으로는 여섯 달 동안 아무런 결과가 없기 때문에 여러분의 수고가 헛되게 보일 것이다. 그러나 결국에는 어떤 결과가 있을 것이다.

뉴질랜드에서 성도들의 수고를 통해 이루어진 주님의 회복의 증가

1970년에 어떤 형제가 뉴질랜드에서 주님의 회복 안으로 들어왔다. 나중에 그는 나를 보려고 일부러 로스앤젤레스에 왔다. 나는 그다음 해인 1971년에 뉴질랜드에 갈 것이라고 그에게 말했다. 나는 호주를 거쳐 뉴질랜드에 갔다. 나는 시드니에서부터 그 큰 섬을 가로질러 멜버른까지 여행했는데, 회복을 위하는 마음을 가진 사람을 하나도 만나지 못했다. 그런 다음, 로스앤젤레스에서 나를 방문한 형제를 만나러 뉴질랜드에 갔다. 그 전에 한 사랑스러운 성도가 그 섬을 방문했는데, 그는 나의 지인이었고 내가 쓴 책을 매우 사랑하는 성도였다. 그는 내가 쓴 책들 중 두 권, 즉 〈만유를 포함하신 그리스도〉와 〈하나님의 경륜〉을 가지고 있었다. 그는 공항을 떠나면서 이 두 권의 책을 어떤 사람에게 주었다. 나는 뉴질랜드를 방문하는 동안 그곳에서 작은 특별 집회를 열었다. 그때, 그 두 권의 책을 받은 사람이 경비행기를 타고 그 섬을 횡단하다가 사정상 내가 있는 도시에 들르게 되었다. 그는 내가 말씀을 전하고 있다는 소식을 듣고 집회에 왔다. 그는 그 특별 집회를 통해 주님께 사로잡혔고, 나중에는 순회 전도사인 그의 형 또한 회복의 길을 취했다. 이로써 뉴질랜드에서 주님의 회복이 시작되었다.

이십삼 년이 지난 오늘날, 칠백 명의 뉴질랜드인이 회복 안에 있다. 게다가 최근에 삼백 명의 중국인 성도가 대만에서 뉴질랜드로 이주하여, 모두 천 명의 성도가 뉴질랜드에 있게 되었다. 결국 주님은 그들에게 넓은 땅을 주셨고, 지금 그들은 전시간 훈련을 하는 훈련 센터를 그 땅에 갖고 있다. 이것은 성도들의 수고의 결과이다. 우리는 이러한 사례에 격려받아 수고해야 한다. 우리는 어디에서 언제 열매가 나올지 알 수 없다.

우리는 거절과 반대와 모함과 비판을 받아 왔다. 반대하는 사람들은 힘을 다해 우리를 봉쇄하려 했다. 그러나 1993년에 애너하임에서 열린 추수감사절 특별 집회에서 마지막 집회에 참석한 사람들 가운데 어른이 삼천이백육십 명이었고 어린이가 팔백 명 이상이었다. 그 집회에 참석한 많은 사람이 나에게 새로운 얼굴들이었다. 겉보기에 우리는 많이 증가하지 않는 것 같다. 그러나 사실 그렇지 않다. 대만에서 뉴질랜드로 이주한 중국인 성도들이 불타고 있다. 최근에 뉴질랜드에서 이곳에 온 부부들 중 한 쌍은 중국인 성도들이 그곳에 있어서 또 다른 교회가 일으켜졌다고 나에게 말했다. 그들은 각각의 믿는 이들뿐 아니라 하나의 교회를 산출했다.

우리는 어디에서 열매가 나올지 알 수 없다. 요한복음 4장 37절과 38절에서 주 예수님은 다른 이들이 씨를 뿌리고 우리는 그들이 뿌린 씨를 거둘 것이라고 말씀하셨다. 어떤 때는 우리가 씨를 뿌리고 다른 이들이 거둘 수도 있다. 고린도전서 15장 58절에 있는 바울의 말에 따르면, 주님 안에서의 우리의 수고가 결코 헛되지 않을 것이다. 만일 우리가 게으르다면 천사들이 우리에게 누군가를 보내 주기를 기대할 수 없다. 우리는 우리의 수고가 결코 헛되지 않으리라는 완전한 확신을 가지고 단지 수고하는 것만을 알아야 한다.

사랑이 우리 수고의 원동력임

우리의 수고는 사랑의 수고가 되어야 한다. 이 사랑은 우리가 주님뿐만 아니라 성도들을 사랑하는 것을 가리킨다. 우리는 보다 강한 이들을 사랑하고 보다 약한 이들도 사랑한다. 우리는 죄인들을 사랑하고 친구들을 사랑하며 친척들과 급우들과 동료들을 사랑한다. 우리는 단순하게 사람들을 사랑한다. 사랑이 우리 수고의 원동력이다. 이 사랑 때문에 우리는 많은 것을 제쳐 두고 수고하기를 원한다. 우리는 누가 열매가 될지, 언제 어디에서 열매가 나올지 모른다. 우리는 오직 수고하는 것밖에 모른다.

장기적인 조망을 가지고 수고함

나는 1932년 7월부터 주님을 위해 말했다. 그것은 내가 개인들에게뿐 아니라 교회에게 말하는 것의 시작이었다. 오늘날 이 땅 곳곳에서 나는 내가 수고하여 얻은 열매의 삼대(三代)가 내 앞에 앉아 있는 것을 볼 수 있다. 이것에 대해 주님께 감사드린다. 사랑하는 성도들이여, 우리는 근시안적이어서는 안 된다. 우리는 장기적인 조망을 가질 필요가 있다. 우리는 얼마 동안 새 길을 실행하고서 지금까지 열매를 거의 보지 못했기 때문에 염려할 수 있다. 그러나 빨리 들어오는 열매는 또한 빨리 사라질 것이다. 가장 오래 남아 있는 열매는 느리게 맺히는 열매이다. 한 주 만에 한 사람을 열매로 얻는다면, 그러한 열매는 오래 살지 못할 수 있음을 알아야 한다. 그러나 한 사람을 얻는 데 이 년을 들인다면, 그는 우리가 수고하면서 그에게 들인 모든 시간을 결코 잊지 못할 것이다.

나는 어떤 목사의 방문을 통해 구원받았다. 누나가 나를 그 목사에게 추천했고 후에 그 목사가 나를 방문했다. 많은 경우 그는 나에게 거의 말을 하지 않았다. 그는 단순히 다음 주 일요일에 그의 교회에 오라고 나를 초대했다. 수개월 동안 나를 방문한 다음, 그해 말인 12월에 그는 나에게 이렇게 말했다. "리 군, 해야 할 일이 많을 테니 새해가 되기 전에는 다시 오지 않겠습니다." 그는 더 이상 오지 않았다. 그런데 설날에 왜 교회에 갈 생각을 했는지 모르겠지만 나는 교회에 갔다. 그날부터 나는 절대로 교회를 떠나지 않았다. 우리는 수고할 필요가 있다. 우리의 수고는 결코 작은 일이 아니다. 모든 사람이 신실하게 인내를 가지고 수고한다면 이 년 내에 증가를 보게 될 것이다.

한편으로 시간은 빨리 지나가지만 다른 한편으로는 매우 느리게 지나간다. 그러나 수고하는 사람들은 시간이 지나가는 것을 주의하지 않는다. 그들은 자신의 수고만을 주의한다. 그들은 사람들을 접촉하는 것만을 주의한다. 그들이 사람들을 방문할 때, 사람들은 언제나 그들의 방문을 대단한 것으로 여긴다. 그들은 일반적인 방식이 아닌 매우 특별한 방식으로 사람들을 방문한다. 이것은 그들이 많은 말을 한다는 의미가 아니다. 그들은 주님에 관해 아무것도 말하지 않고, 단순히 가서 다른 이들을 방문한다. 이러한 방문은 성공적일 것이다. 우리가 너무 많이 말한다면 그것이 우리의 일을 방해할 것이다. 우리는 사람들을 접촉하는 법에 관해, 사람들에게 말하는 법과 심지어 말하지 않는 법에 대해 더욱 전진된 훈련이 필요하다.

우리는 축복받은 사람들이다. 어디로 가든지 축복이 우리와 함께 간다. 우리가 방문하는 모든 사람이 하나님의 축복의 방문을 받을 것이다. 우리는 반드시 이것을 믿어야 한다. 우리가 방문하는 사람들은 결코 우리의 방문을 예사롭게 여기지 않을 것이다. 그들은 아무 말도 하지 않을지 모르지만 그들의 존재 안에 깊은 인상이 새겨질 것이다. 심지어 우리가 아무것도 말하지 않을지라도, 그들은 자신들을 방문하는 우리의 의도가 무엇인지를 안다. 그들은 우리의 의도가 그리스도를 위해 그들을 얻는 것임을 안다.

거룩하게 하시는 영과
협력하는 데 수고함

우리가 사람들을 방문하는 것은 성령께서 그들을 거룩하게 하시도록 예비하는 것이다. 성령은 거룩하게 하시는 영이시며(벧전 1:2), 그분의 거룩하게 하심의 첫 번째 단계는 잃어버린 죄인들을 찾는 것이다(눅 15:8-10). 그러나 그 영께서 사람들을 찾으시려면 우리가 그들을 방문할 필요가 있다. 우리가 어떤 사람을 방문하지 않는다면 성령은 그 사람을 찾으실 수 없다. 우리가 매주 사람들을 방문하는 것은 그들에게 상기시키는 것이다. 찾으시는 영께서 머지않아 그들의 마음에 빛을 비추실 것이다. 그 영의 찾으심에는 많은 길이 있다. 그러나 한 가지 원칙은 확실하다. 그것은 아무도 어떤 사람을 접촉하러 가지 않는다면, 찾으시는 영께서 그 사람을 '낚을 낚싯줄'을 얻지 못하신다는 것이다. 우리는 낚싯줄을 던질 필요가 있다. 머지않아 물고기가 낚싯줄에 걸릴 것이다.

젊었을 때 나는 매우 열렬하게 복음을 전파했다. 나는 복음 소책자들을 써서 사람들에게 배포하였다. 어느 시점에 나는 열매가 없다는 사실 때문에 괴로웠다. 그러나 결국 나의 고향에서 주님께서 나를 통해 교회를 일으키셨다. 어느 날 나는 어떤 사람에게 침례를 주었다. 나의 고향에 사는 다른 그리스도인들은 나를 비난하면서 내가 전도사나 목사가 아니며 신학교에서 공부한 적도 없다고 말했다. 그런데도 나는 그들보다 더 많은 사람에게 침례를 주었다. 결국 십 년이 채 안 되어, 주님께서 나를 통해 일으키신 교회의 출석 인수가 그 도시에 있는 다른 그리스도인 단체들의 총 출석 인수보다 많아졌을 것이다.

주님 안에서의 우리의 수고가 헛되지 않음

주님 안에서의 우리의 수고는 결코 헛되지도 않고 헛될 수도 없을 것이다. 우리는 다만 수고해야 한다. 마귀의 기만전술은 우리가 주님을 위해 수고하지 못하도록 막는 것이다. 여러분은 특정한 곳에서 삼 년 동안 일했는데 한 사람도 얻지 못했다고 변명할지 모른다. 삼 년을 더 시도해 보지 않겠는가? 우리가 예수님에 대해 말한다면 사람들은 믿지는 않을지라도 예수님에 대한 한마디 말씀을 듣게 될 것이다. 그들은 결코 그것을 잊지 못할 것이다. 우리가 한 것은 결코 헛되지 않을 것이다.

나는 미국에서 삼십일 년 동안 일했다. 겉으로 보기에 나는 기독교의 반대 때문에 많은 사람을 얻지 못했다. 그러나 사실은 그렇지 않다. 주님의 회복은 이 사역을 통해 다섯 대륙으로 확산되었다. 1949년에 내가 중국 본토에서 대만으로 보내졌을 때, 본토 바깥에는 주로 동남아시아, 즉 필리핀과 인도네시아와 말레이시아와 싱가포르와 태국 등의 나라에 백 곳이 채 안 되는 교회가 있었다. 그러나 오늘날은 온 땅에 최소한 천이백 곳에 교회가 있다.

우리는 밤낮으로 수고할 필요가 있다. 나는 밖에 나가서 사람들을 방문할 시간이 많지 않다. 나의 시간은 주로 메시지 개요를 준비하는 것과 말씀을 전하는 데 사용된다. 내가 전하는 메시지들은 녹화되고, 글로 옮겨지고, 다듬어지고, 인쇄된다. 이렇게 나온 책들은 많은 곳에 보내진다. 지난 삼 년 동안, 성경과 나의 저서와 니 형제님의 저서를 포함하여 육백만 부의 간행물이 러시아의 천여 개 도시에 무료로 배포되었다. 이 모든 것이 헛되다고 생각하는가? 아니다. 이 출판물들은 여전히 그곳에서 일하고 있다.

미국은 기독교 국가이지만, 나는 그리스도에 대한 미국인들의 필요가 다른 어느 곳보다 훨씬 더 크다고 느낀다. 내가 삼십일 년 전에 이 나라에서 일하기 시작할 때는 그런 필요가 오늘날만큼 크지 않았다. 우리는 밖에 나가서 사람들을 방문하고 그들에게 소책자나 복음지를 주어야 한다. 그들이 그것을 이해할지 이해하지 못할지를 생각하지 말고, 우리가 그리스도에 대해 말하는 것은 무엇이든 효력을 발휘하리라고 믿어야 한다. 우리는 어떤 말씀이 사람들을 감동시킬지 알 수 없다. 우리가 누군가에게 복음지를 주면 그는 그것을 길에 버릴지도 모르지만 다른 사람이 주워서 집으로 가져갈 수도 있다. 그러면 그 집의 가족들과 친구들, 그리고 그 집을 방문하는 이들이 그것을 볼 것이다. 우리는 그 결과가 어떻게 될지 모른다. 머지않아 그리스도께서 사람들을 만지실 것이다.

물론 이러한 일은 우리 편에서의 많은 기도에 달려 있기도 하다. 그러나 우리는 의도적으로 무릎을 꿇고 십 분 내지 이십 분 동안 기도해야 한다고 느낄 필요가 없다. 우리는 어느 때나 기도할 수 있다. 식사하고 있는 동안에도 "주 예수님, 죄인들을 기억해 주십시오. 주님, 세 사촌을 기억해 주십시오."라고 기도할 수 있다. 우리는 주님께서 우리의 기도를 들으시고 응답하실 것을 믿어야 한다.

나는 주님께서 나를 구원하시어 세상에서 나오게 하시고 내가 그분을 위해 육십오 년 이상 일한 것이 매우 기쁘다. 나는 결코 이것을 후회한 적이 없다. 나는 아주 많은 사람이 나의 일을 통해 유익을 얻었다고 믿는다. 우리는 최선을 다하여 주님을 위해 수고할 필요가 있다. 그러지 않으면 우리 그리스도인의 생활은 무의미할 것이다. 우리는 구원받았고 빛 비춤받았고 교회와 회복을 알고 있지만, 수고할 필요가 있다. 일하는 것만으로는 충분하지 않다. 우리의 일은 사람들을 감동시키지 못할 수 있지만 우리의 수고는 그들을 감동시킬 것이다. 사람들은 우리가 수고하는지 단지 일하는지를 내적 느낌에 의해 안다. 우리가 판에 박힌 일을 하듯이 사람들을 접촉한다면, 이것은 그들을 감동시키지 못할 것이다. 우리는 그들을 위하는 마음을 가져야 한다. 그들을 얻고 그들에게 수고할 갈망을 가져야 한다. 그들 안에는 우리가 주님을 위한다는 인식이 있다. 그들은 결코 그것을 잊지 못할 것이다. 그것은 영향력이 있다.

우리 모두는 사랑 안에서 수고해야 한다. 우리는 주님을 사랑하고, 그분의 회복을 사랑하며, 교회를 사랑하고, 성도들을 사랑해야 한다. 보다 강한 이들을 사랑하고, 보다 약한 이들은 훨씬 더 사랑해야 한다. 그들을 만나고 그들에게 말해 주기를 갈망해야 한다. 우리는 반드시 불타고 있어야 한다. 이럴 때 우리는 매우 전염성이 있을 것이다. 나는 여러분이 매 집회 전후에 사람들을 접촉하는 습관을 세우도록 격려한다. 사람들을 접촉하는 것은 분명 가치가 있을 것이다.

사람들을 방문하는 것은
그리스도의 초월에 대한 반응임

오늘날 우리의 주님은 유력하시다. 음부나 땅 위나 공중이나 심지어 셋째 하늘에 있는 그 누구도 주 예수님을 패배시킬 수 없다. 주 예수님은 승천 안에서 음부와 땅과 공중뿐 아니라 셋째 하늘도 초월하시고 뛰어넘으셨다(히 4:14). 주님은 심지어 셋째 하늘도 초월하실 필요가 있으셨는데, 그것은 셋째 하늘이 사탄의 왕래로 오염되었기 때문이다(욥 1:6). 사탄이 여전히 셋째 하늘에 한 자리를 차지하고 있으므로 셋째 하늘도 그리스도의 발아래 있을 필요가 있다. 그러므로 히브리서 7장 26절은 오늘날 우리의 대제사장이신 그리스도께서 하늘들보다 더 높으시다고 말한다. 그분은 음부와 땅과 공중보다 높으실 뿐 아니라 하늘들보다 높으시다. 에베소서 1장 20절부터 23절까지에 따르면 그리스도의 초월은 그분께서 교회를 형성하시기 위한 것이다.

에베소서 1장 3절부터 14절까지에서 삼일 하나님의 삼중(三重) 분배는 교회를 구성하는 재료들을 산출할 뿐 교회를 형성하지는 않는다. 에베소서 1장 22절의 초월하신 그리스도의 전달 이전에는, 사도행전 1장의 베드로와 백이십 명과 같은 재료가 있었을 뿐 교회가 없었다. 오순절 날에 교회는 십자가에 못 박히신 그리스도나 부활하신 그리스도에 의해 형성된 것이 아니다. 음부에 있는 어둠의 세력과 땅 위에 있는 반대자들, 공중에 있는 통치자들과 권세자들, 심지어 셋째 하늘에 있는 하나님의 거처까지도 통과하고 뛰어넘으신, 초월하신 그리스도에 의해 형성된 것이다. 그분은 교회를 형성하시기 위해 각종 환경을 극복하는 능력을 가진 분이시다. 그분은 교회를 형성하실 때 초월하신 분이셨다. 가이사와 대제사장들과 바리새인들과 사두개인들과 장로들 모두가 그분을 반대하고 있었다. 예수님은 반대하는 그들을 주의하지 않으셨다. 그분은 초월한 분이시다. 그분께서 그분 자신을 땅 위에 부으실 때 교회가 형성되었다. 베드로와 백이십 명이 하나가 되었다. 오순절 날에 일어서서 말할 때 베드로는 홀로 일어서지 않고 열한 사도와 함께 일어섰다(행 2:14). 말씀을 전한 이는 베드로가 아니라 교회였다. 교회가 이미 존재하고 있었다. 따라서 사도행전 2장부터 교회가 명확하게 언급된다(5:11, 8:1, 3, 9:31, 11:22, 26, 12:1, 5, 13:1, 14:23, 27, 15:3-4, 22, 18:22, 20:17, 28).

초월하신 그리스도의 유일한 전달은 그분의 몸을 구성하는 재료들을 산출하려는 것이 아니라 재료들을 한 몸으로 형성하려는 것이다. 오늘 우리는 사람들을 방문하러 나가는 것이 그리스도의 초월하심에 속한 것임을 깨달아야 한다. 음부가 반대하고, 온 땅이 반대하고, 공중에 있는 통치자들과 권세자들이 반대하고 있다. 심지어 셋째 하늘에 있는 하나님의 거처까지도 사탄의 왕래로 오염되었다. 그리스도는 이 모든 것을 초월하고 뛰어넘으셨다. 초월하신 그분과 아무도 겨룰 수 없다. 그분은 모든 종류의 능력을 가진 분이시다. 마태복음 28장 18절에서 그분은 "하늘과 땅의 모든 권위가 나에게 주어졌습니다."라고 말씀하셨다. 그다음 19절에서 그분은 "그러므로 여러분은 가서, 모든 민족을 나의 제자로 삼아"라고 말씀하셨다. 우리가 사람들을 방문하는 것은 그리스도의 초월하심에 대한 반응이며, 초월하신 그리스도는 모든 권위를 받으셨다. 이것은 교회를 형성하기 위한 것이다. 우리가 가지 않는다면 교회는 형성될 수 없다.

기적이나 은사 있는 특별한 사람들을 신뢰하지 않음

우리는 활력 그룹이 기적을 행하리라고 생각해서는 안 된다. 그렇게 생각하는 것은 오순절파에 속한 것이다. 활력 그룹은 열매를 맺는 과일나무와 같다. 그것은 기적적인 것이 아니다. 봄에서 겨울까지 일 년 내내, 동일한 나무가 그 자리에 동일하게 서 있는 것처럼 보이지만 그 나무는 매년 열매를 맺는다.

주님은 영적인 '거인들'을 신뢰하지 않으시고 그분의 지체들을 신뢰하신다. 주님의 몸 안의 작은 지체들인 우리 모두가 그분께 매우 유용하다. 각 지체가 반드시 일하고 기능을 발휘하며 다른 이들을 방문해야 한다. 그럴 때 우리는 모두 활력적이 될 것이다. 분발시키는 메시지를 듣고 삼 일 밤낮을 기도하면 기적적인 일이 일어나 우리 모두를 활력화할 것이라고 생각하지 말라. 그러한 일은 없다. 나는 어떤 부흥도 실지로는 효과가 없음을 연구를 통해 발견했다. 그러나 일곱 배로 강화되신 영께서 지금 이 땅에서 움직이고 계신다(계 5:6). 그분은 호주에서, 뉴질랜드에서, 남아

메리카에서, 중앙아메리카에서, 북아메리카에서 움직이고 계신다. 그분은 많은 곳에서, 많은 사람의 마음 안에서 움직이고 계신다. 또한 우리의 마음 안에서 움직이고 계신다. 우리 모두가 큰 '부흥'이 필요하지 않고 단순히 사람들을 방문하러 나가야 한다는 것을 깨닫는다면, 이것은 백 명의 영적 거인보다 훨씬 효과적일 것이다.

우리는 은사 있는 특별한 사람들을 신뢰해서는 안 된다. 그들이 우리보다 역량이 있다고 여겨서는 안 된다. 실지로는 우리가 그들보다 클지도 모른다. 우리는 주님께 긍휼을 입어 수고해야 한다. 체험에 따라 말해서, 나는 수고하지 않으면 건강할 수 없다. 내가 수고할 때 모든 질병이 나를 두려워한다. 그러나 수고하기를 멈출 때 질병이 올 수 있다. 우리는 질병을 환영해서는 안 된다. 그 대신 사람들을 사랑해야 한다. 날마다 우리는 다른 사람들이 어리석게 여길 일들을 정신없이 해 나가야 한다. 날마다 사람들을 접촉하고 그들에게 그리스도에 대해 말해야 한다.

여러분이 이러한 사람이라면 틀림없이 동반자들을 얻을 것이다. 주님께서 여러분에게 동반자들을 주실 것이다. 더욱이 그러한 노력은 매우 전염성이 있을 것이다. 몇몇 사람이 여러분의 어떠함에 매혹될 것이다. 그럴 때 그들은 여러분에게 오게 된다. 여러분은 자연스럽게 한 무리를 얻을 것이고, 그 무리가 여러분의 활력 그룹이 될 것이다.

우리는 사도가 데살로니가전서 1장 3절에서 사랑의 수고에 관해 한 말씀을 받아들여야 한다. 또한 골로새서 1장 28절부터 2장 1절까지에서 사도 자신이 각 사람을 얻고, 각 사람에게 권면하며, 각 사람을 가르치고, 각 사람을 그리스도 안에서 충분히 성장한 사람으로 하나님께 드리기 위해 분투함으로 수고한다는 말씀을 받아들여야 한다. 바울이 이것을 할 수 있었다면 우리도 할 수 있다. 우리는 할 수 없다고 말해서는 안 된다. 우리는 할 수 있다.

소망의 인내

사랑의 수고 외에도 소망의 인내가 필요하다. 우리는 기꺼이 반대를 감내해야 한다. 우리는 주님의 오심을 소망하며 인내하는 사람이 되어야 한다. 누가복음 16장 9절에 따르면, 왕국 시대에 많은 사람이 우리의 수고로 말미암아 우리를 영원한 장막 안으로 맞아들일 것이다.

우리의 소망은 영광을 가지고 장차 오실 그리스도께 있으며, 또한 장차 올 왕국의 보상에 있다. 소망의 인내는 우리의 믿음의 일을 오래 지속되게 한다. 그러한 인내를 통하여 우리는 실망시키고 낙담시키는 불가능한 각종 일을 정복할 뿐 아니라 각종 반대와 장애와 좌절을 극복할 수 있다. 그러한 인내는 하나님과 그리스도의 왕국을 위해 죄인들을 얻고, 믿는 이들을 먹이고, 성도들을 온전하게 하고, 그리스도의 몸인 교회를 건축하는 것으로 완결된다.

어떤 사람들은 활력적이 되기가 불가능하다고 말할지도 모른다. 그러나 우리는 이것이 불가능하지 않다고 말해야 한다. 모든 것이 가능하다. 그 누구도 그리스도를 이긴 적이 없다. 그리스도는 우리를 포함한 모든 반대자를 이기셨다. 이것이 사실이므로 그분은 모든 사람을 이기실 수 있다. 우리는 단순하게 그분과 함께 나가야 한다. 우리는 그분의 이름 안에서 나감으로, 방문하는 모든 사람에게 우리가 예수 그리스도를 위해 일하고 있음을 알게 해야 한다. 이것은 효과가 있을 것이다.

13

좁은 문으로 들어가서 비좁은 길을 걸어감

Having Entered through the Narrow Gate and Walking on the Constricted Way

제13장

좁은 문으로 들어가서 비좁은 길을 걸어감

성경: 마 7:13-14

개요

I. 왕국 헌법을 반포하실 때, 그리스도는 사람들이 하나님 앞에서 생활하고 일하는 두 가지 가능한 길을 보여 주심 — 마 7:13-14.

A. 널찍한 길.

1. 넓은 문을 통해.
2. 파멸로 이끎.
3. 많은 사람이 넓은 문을 통해 들어가서 이 널찍한 길을 걸어감.
4. 타고난 취향을 만족시키는 세상적인 체계에 따라.
5. 무리를 얻기 위해.
6. 사람의 경력을 유지하기 위해.
7. 사람의 계획을 성취함.

B. 비좁은 길.

1. 좁은 문을 통해.
2. 생명으로 이끎.
3. 소수의 사람이 이 비좁은 길을 발견하고서 이 길을 걸어감.
4. 영적인 요구들을 이루는 신성한 규정들에 따라.

5. 하나님의 선민을 이끌어 오기 위해.
6. 예수 그리스도의 증거를 지니기 위해.
7. 하나님의 경륜을 수행함.

Ⅱ. 하나님의 교회인 그리스도의 몸의 건축을 위해.

A. 모든 일의 입구가 반드시 좁아야 함.
1. 복음을 전파함에서.
2. 진리를 가르침에서.
3. 믿는 이들을 온전하게 함에서.
4. 성도들을 성숙하게 함에서.

B. 모든 일의 진행이 반드시 비좁아야 함.
1. 죄인들을 구원함에서.
2. 새로운 믿는 이들을 먹임에서.
3. 성도들을 온전하게 함에서.
4. 하나님의 교회인 그리스도의 몸을 건축함에서.

기도: 주님, 우리는 당신의 회복에 대해 당신께 경배합니다. 주님, 우리는 이것이 우리의 회복이 아니라 당신의 회복인 것을 기억합니다. 지난 세월로 말미암아 당신께 얼마나 감사드리는지요. 오늘날까지 우리는 우리의 약함과 부족함을 보충해 준 당신의 풍성한 임재를 항상 누렸습니다. 주님, 우리는 자신이 아무것도 아님을 충분히 체험했고 또 실감하고 있습니다. 당신을 떠나서는 아무것도 할 수 없고 아무것도 없습니다. 주님, 우리는 당신이 필요합니다. 언제나 당신의 임재가 필요하고 아울러 당신의 풍성한 긍휼과 넘치는 축복이 필요합니다. 주님, 감사합니다. 당신의 긍휼과 축복으로 말미암아 지금까지 우리가 이겨 낼 수 있었습니다. 매일 매주 매달 심지어 매년, 당신의 긍휼은 우리를 강화하는 힘과 우리의 신뢰가 되었습니다. 주님, 우리는 여전히 당신의 긍휼과 당신의 축복과 당신의 임재와 당신의 기름바름과 당신의 영과 당신의 말씀을 구합니다. 주님, 감사합니다. 아멘.

하나님의 백성의 생활과 일을 규제하기 위한 왕국 헌법의 반포

이 장에서 우리는 좁은 문과 비좁은 길에 대해 교통하기 원한다. 마태복음 7장 13절과 14절에서 주님은 이렇게 말씀하셨다. "좁은 문을 통해 들어가십시오. 파멸로 이끄는 문은 넓고, 그 길이 널찍하여 그리로 들어가는 사람이 많으며, 생명으로 이끄는 문은 좁고, 그 길이 비좁아 찾는 사람이 적습니다." 사람은 먼저 길을 가고 그다음으로 문을 통해 들어간다고 생각한다. 그러나 신성한 길 곧 하나님의 길은 문을 통해 들어간 후에 길을 가는 것이다.

이 말씀은 마태복음 5장부터 7장까지에 기록된, 주님께서 반포하신 왕국 헌법에 포함되어 있다. 거의 모든 그리스도인 교사들이 이것을 '산상 수훈'이라고 부른다. 그러나 나는 '수훈'*이라는 말을 좋아하지 않는다. 주님은 사람들에게 설교나 강연을 하는 교수가 아니셨다. 그분은 왕이시다. 신약은 그 시작에서 우리에게 왕국을 제시한다. 그것은 단지 하나님의 왕국만이 아니라 천국이다.

서른아홉 권에 걸친 구약의 긴 기간 후에, 신약이 도래하여 하나님의 마음에 있는 첫 번째 항목이 우리에게 제시되었다. 그 첫 번째 항목은 왕국으로서, 단지 하나님의 왕국만이 아니라 천국이다. 유감스럽게도 많은 그리스도인 교사가 왕국의 이 두 방면을 어떻게 분별하는지를 모른다. 왕국의 첫 번째 방면은 하나님의 왕국이다. 이것은 다소 일반적이다. 그러나 두 번째 방면은 천국이다. 이것은 대부분의 성경 교사가 소홀히 여기고 놓치다시피 했다. 여러분이 그들에게 가서 하나님의 왕국과 천국의 차이가 무엇인지를 묻는다면, 그들은 그 둘이 동일하다고 말할 것이다. 그러나 여러분이 마태복음을 안다면 마태복음이 천국의 방면을 극도로 강조한다는 것을 볼 수 있다. '천국'은 마태복음에서만 사용되는 용이이며, 이것은 천국이 하나님의 왕국과 다르다는 것을 시사한다. 마태복음은 하나님의 왕국을 네 번밖에 언급하지 않는다(12:28, 19:24, 21:31, 43). 그러나 천국은 마태복음 스물여덟 장 내내 반복하여 언급된다('천국'의 의미에 대한 마 5:3 각주 4 참조).

사복음서는 네 면을 가지신 구주를 제시한다. 그분은 '네모반듯하신' 구주이시다. 새 예루살렘은 둥글지 않고 네모반듯하며(계 21:16) 우리의 구주 역시 네모반듯하시다. 여러분이 '둥근' 사람이라면 교활한 사람일 것이다. 우리 모두가 우리의 구주처럼 네모반듯해야 한다. 심지어 우주까지

* 설교라고도 번역할 수 있음—역자 주

도 네 방향, 즉 동서남북이 있다. 그리스도는 오직 네 면을 갖고 계신다. 그분은 마태복음에서는 왕이시고, 마가복음에서는 노예이시며, 누가복음에서는 사람이시고, 요한복음에서는 하나님이시다.

마태복음은 그리스도의 첫 번째 방면을 제시한다. 마태복음 1장부터 4장까지는 서문이다. 이 서문 후에 왕께서 오셨다. 그분은 산으로 가셨고 그분께서 세우실 왕국의 헌법을 5장부터 7장까지에서 반포하셨다. 7장 13절과 14절은 우리의 왕께서 그분의 왕국 안에서 반포하신 이 헌법의 작은 부분이다.

우리 가운데 어떤 사람들은 왜 내가 활력 그룹에 대한 훈련에서 이것을 교통하는지 의아해할 것이다. 우리는 왕국 헌법의 반포가 전적으로 하나님의 백성의 생활과 일을 규제하는 문제임을 볼 필요가 있다. 내가 '생명'이라는 단어를 사용할 때 그것은 '사는 것'을 의미하며, '일'이라는 단어를 사용할 때 그것은 '일하는 것'을 의미한다. 나는 우리의 내적인 생명만이 아니라 외적인 생활, 곧 일상생활을 말하고 있다. 하나님의 백성이 생활하고 일하는 것은 유기적이어야 하며 영적 요구들을 충족하는 신성한 규정들에 부합해야 한다. 이것은 우리의 왕께서 반포하신 왕국 헌법에 완전히 계시되어 있다.

생명의 원칙에 따라 규제받음으로
건강하고 정상적이고 활력적인 믿는 이들이 됨

우리의 활력 그룹은 거칠거나 무분별하지 않다. 우리는 적절히 규제받아야 한다. 우리가 적절히 규제받지 않는다면 절대로 살아 있거나 활력적이 될 수 없다. 여러분이 건강한 사람에게 건강한 이유를 묻는다면, 그는 생명의 원칙을 주의하기 때문이라고 말할 것이다. 예를 들어, 건강한 사람은 밤에 일하지 않고 낮에 일할 것이다. 조지 뮐러(George Mueller)는 밤에는 여행도 하지 않는다고 말했다. 그는 낮에 여행한다면 건강한 것이지만 밤에 여행한다면 건강하지 않은 것이라고 말했다. 밤 열 시부터 아침 여섯 시까지 잠자는 것은 매우 건강한 것이다. 그러나 낮 시간에 잠자는 것은 건강하지 않은 것이다. 이것이 생명의 원칙이다.

하나님은 하늘들과 땅을 만드셨을 뿐 아니라 밤과 낮을 정하셨다. 밤은 매우 중요하다. 그러므로 밤이 먼저 나왔다. 저녁과 아침은 창세기 1장에서 하루이다(5절). 여러분이 건강하려면 밤이 중요하다. 밤을 현명하게 잘 관리한다면 건강할 것이다. 여전히 우리 사회에는 야간 근무가 필요한 직업이 많다. 우리는 간호사와 경찰관이 다른 사람들을 위해 자신을 희생하여 야간 근무를 하는 것에 감사해야 한다. 그러나 하나님께서 정하신 원칙에 따르면, 밤은 잠자기 위한 것이고 낮은 생활하고 일하기 위한 것이다.

건강한 사람은 자신이 생명의 원칙에 따라 규제를 받는다고 말할 것이다. 이러한 원칙 하나하나가 우리를 규제한다. 우리가 너무 급하게 먹는다면 고통을 받을 것이다. 또한 너무 느리게 먹어서도 안 된다. 그것은 건강한 식사가 아니다. 건강한 식사 속도는 우리 몸의 내적 느낌이 편안하도록 중간 정도여야 한다. 즉 너무 급하지도 않고 너무 느리지도 않아야 한다. 인간의 영역 안에 있는 생명의 원칙을 주의할 때 우리 몸은 활력을 얻게 된다.

우리는 활력적이 되기 위해 훈련받고 있다. 그러나 우리는 관념에 따라서, 활력적이 되는 것이 삼손처럼 되는 것이라고 생각한다. 그러나 삼손은 활력적이지 않았다. 그는 오래 살지 못했다. 그는 다른 사람들을 죽이려고 자신을 희생하는 일종의 자살까지 해야 했다(삿 16:30). 반면에 보아스는 매우 활력적이었다. 그는 평범한 사람이었다. 지난 여름 훈련 집회에서, 사사기에서는 생명에 속한 어떤 것도 볼 수 없음을 지적했다. 그러나 네 장으로 된 책인 룻기는 생명의 책이다. 룻기가 오늘날 쓰였다면 그 작가는 노벨상을 받을 수 있다고 나는 믿는다. 그 책은 생명으로 가득한 놀라운 단편 소설이다. 보아스는 건강한 사람이었고 활력적이었다. 능력 있는 어떤 오순절파 설교자들은 부도덕했지만 능력이 있었다. 그들은 삼손과 같았다.

여러분은 삼손같이 되기를 원하는가, 보아스같이 되기를 원하는가? 분명 우리는 생명의 원칙에 따라 규제받은 사람인 보아스같이 되기를 원할 것이다. 그는 활력적인 사람이었다. 누가 그리스도를 여러분에게 이끌어 왔는가? 삼손은 그리스도의 계보에 있지 않았다. 그러나 보아스는 그리스도의 계보에서 매우 중요한 연결 고리이다(마 1:5). 그리스도는 보아스로 말미암아 우리에게 오실 수 있었다. 이것이 활력적이 된다는 의미이다.

내가 이 메시지를 위해 주님을 앙망하고 있을 때 주님은 다음과 같은 깊은 느낌을 주셨다. '나를 사랑하고 활력적이 되려는 성도들에게 좁은 문과 비좁은 길에 관해 무언가를 말해 주어라.' 활력적인 것이 어떤 기적이 되어서는 안 된다. 나무는 기적적인 방식으로 자라지 않는다. 우리는 십칠 년 전에 애너하임에 있는 집회소 주변에 작은 나무를 많이 심었지만, 오늘날 그것들은 모두 큰 나무로 자랐다. 그 나무들은 생명의 원칙에 따라 성장했다. 하나님은 이런 원칙을 정하셨다.

우리는 성경에 계시된 하나님께서 정하신 길에서 훈련받고 있다. 하나님께서 정하신 길은 항상 비좁은 생활과 일을 갖는 것이다. 생명으로 이끄는 문은 좁고 그 길이 비좁다. 그러나 파멸로 이끄는 문은 넓고 그 길이 널찍하다. 영적인 영역에는 널찍한 길이 없다. 영적인 영역의 길은 항상 비좁다. 이 길에서는 우리의 자유가 항상 제한받는다.

모든 나무는 제한을 받는다. 모든 나무가 제한 없이 자란다면 그것은 재앙일 것이다. 그러나 모든 나무는 제한된 방식으로 자라고 뻗어 간다. 나무는 하나님께서 정하신 제한에 더하여 사람이 잘라 주는 것, 곧 사람의 손질이 필요하다. 손질은 사람이 하는 것이다. 제한은 하나님께서 정하신 것이다. 나무가 하나님께서 정하신 것에 따라 제한받는다 할지라도, 손질하는 사람의 손길이 여전히 필요하다.

영적인 영역에서 우리 또한 손질이 필요하다. 열매를 맺는 것에 관한 요한복음 15장에서 기적은 언급되지 않지만, 주님은 손질하는 것을 강하게 언급하신다. 여러분은 열매를 산출하고자 하는가? 여러분은 깨끗이 손질될 필요가 있다(2절). 손질되는 것은 제한받는 것이다. 우리는 지나치게 가지를 뻗어서는 안 된다. 우리는 거칠어서는 안 되고 제한받아야 한다.

우리는 왜 우리 가운데서 많은 열매 맺음을 볼 수 없는지 의아해할 수도 있다. 생명의 열매는 기적적으로 생기는 것이 아니다. 우리는 제한을 받을수록 더욱더 규제받는다는 것을 볼 필요가 있다. 규제를 받을수록 더욱더 건강해진다. 그럴 때 우리는 열매를 맺을 준비가 된다. 열매는 우리의 건강함에서 나온다. 병든 나무는 열매를 맺을 수 없다. 살아 있지만 병든 것은 생산하지 못한다. 하나님께서 정하신 것은 나무와 같은 생물들이 활력적으로 자라는 것이다. 우리 그리스도인들 역시 활력적으로 자라야 한다. 활력적이 되는 것은 건강해지는 것이다. 우리는 건강하고 정상적일 필요가 있다. 우리는 많은 사람을 구원하기를 기대해서는 안 된다. 일 년에 하나의 남아 있는 열매를 맺도록 항상 준비되어 있어야 한다. 우리는 이렇게 기도해야 한다. "주님, 저에게 해마다 한 열매, 남아 있는 열매, 건강한 열매, 저처럼 건강한 열매를 주십시오."

우리는 사도 바울이 수많은 사람을 주님께 인도했다고 생각할지 모르지만, 바울의 역사(歷史)는 이것이 사실이 아님을 보여 준다. 골로새서 1장 28절과 29절에서 바울은 자신이 그리스도를 전파하여 온갖 지혜로 각 사람에게 권면하고 각 사람을 가르치기 위해 수고한 것은 각 사람을 그리스도 안에서 충분히 성장한 사람으로 하나님께 드리기 위한 것이었다고 말한다. 그는 각 사람에게 권면하고, 각 사람을 가르치며, 각 사람을 하나님께 드리기를 갈망했다. '각 사람'에게 하는 일은 결코 기적일 수가 없을 것이다. 바울은 가장 큰 은사였으므로 우리는 그가 모든 일을 기적적으로 하였으리라고 생각할 수 있다. 그러나 성경은 바울이 그리 많은 기적을 행할 수 없었음을 말해 준다. 바울은 기적을 의지한 사람이 아니었다. 그는 항상 수고하는 사람이었다.

사도행전 20장에서 우리는 바울이 삼 년 동안 에베소의 성도들과 함께 있었음을 본다. 그는 자신이 주님을 섬기며 눈물로 성도들 각 사람을 훈계했다고 말했다(19, 31절). 눈물은 많은 역경과 어려움을 암시한다. 그는 성도들을 '밤낮' 훈계했다고 말했다(31절). 그는 집회에서 대중 앞에서나 이 집 저 집에서 가르쳤다(20절). 그는 대중 앞에서 가르쳤지만, '각 사람에게' 하는 방식의 일이 훨씬 더 많았다. 그는 강연만 한 것이 아니었다. 바울은 성도들 각 사람을 개인적으로 지도하였다.

늘 공중을 날아다니는 사람은 남아 있는 열매를 맺을 수 없다. 그는 지난주에 셋을 얻고 이번 주에 둘을 더 얻었다고 말하겠지만, 일 년 후에는 남아 있는 열매를 한 사람도 얻지 못할 것이다. 그는 이렇게 말할지도 모른다. "음, 저는 지난주에 두 사람을 얻었습니다. 결국 저는 그들이 별로 좋지 않다는 것을 깨닫고 그들을 포기했습니다. 지금은 더 나은 사람을 몇 명 찾았습니다." 그러나 결국에는 더 나은 사람은 하나도 없고 모든 이가 버려질 수밖에 없다. 어머니들은 이와 같지 않다. 모든 어머니는 자신의 아이를 외모나 행동에 관계없이 사랑한다.

오스틴 스팍스(T. Austin-Sparks)는 이것을 아주 잘 알고 있었다. 그는 1955년에 처음으로 우리를 방문하러 대만에 왔다. 그는 이렇게 말했다. "모든 어머니는 자신의 아이를 사랑합니다. 여러분이 현명하다면 그녀의 아이에 대해 나쁜 말을 조금도 하지 마십시오. 그렇게 하면 그녀의 마음이 상할 것입니다." 한번은 어떤 어머니가 자기 아이를 그에게 데려왔는데, 그 아이는 그리 귀엽지 않았다. 그러나 그는 그녀 앞에서 감히 그렇게 말하지 못했다. 그 어머니가 아이를 내밀 때 그는 무슨 말을 해야 한다고 느꼈다. 그는 "오, 이 어떠한 아이인지!"라고 말했다. 이것은 중립적인 말이었지만, 이 말 때문에 그 어머니는 '놀랍구나! 나에게 이렇게 훌륭한 아이가 있다니!'라고 생각하게 되었다. 어머니에게는 자신의 모든 아이가 훌륭하다. 우리에게는 어머니의 그러한 마음이 필요하다(살전 2:7). 우리는 새로운 사람에 대해 "그는 좋은 재료가 아닙니다. 그는 결코 사도 바울처럼 될 수 없을 것입니다."라고 말해서는 안 된다. 그런 태도를 지니고 있다면 남아 있는 열매를 맺을 수 없을 것이다.

우리는 많은 사람을 대상으로 일해서는 안 된다. 그 대신 우리의 손길 아래 늘 서너 명만 두어야 한다. 우리는 수고할 때 자신을 제한하기를 배워야 한다. 마태복음에 있는 주님의 헌법은 우리가 들어가야 한다고 말한다. 그런 다음 우리는 걸어가야 한다. 너무 많은 사람을 접촉하면 안 되므로 너무 많이 일할 필요가 없다고 생각해서는 안 된다. 이것은 우리가 좁은 문으로 들어가는 것과 비좁은 길을 걸어가는 것을 멈추었다는 의미이다. 이것은 왕국 헌법을 극도로 거스르는 것이다. 주님의 왕국 헌법은 우리가 들어간 다음 걸어가야 한다는 것이다. 우리는 일해야 한다.

너무 많이 확산시켜서는 안 된다고 말할 때, 내 말은 우리가 일해서는 안 된다는 뜻이 아니다. 오히려 우리는 매일 일해야 한다. 좋은 학생은 날마다 수업 준비를 하고 날마다 조금씩 공부한다. 우리의 문제는 규칙적으로 일하지 않는 것이다. 활력 그룹에 대한 훈련에 참여한 후에도 우리는 활력적인 일을 시작하지 않았을지도 모른다. 우리는 자신이 활력적이라고 느껴지지 않으니 활력적이 될 때 일하겠다고 말할 수도 있다. 그러나 이것은 잘못된 것이다. 일하지 않는다면 결코 활력적이 될 수 없을 것이다. 일할 때 비로소 활력적이 될 것이다.

활력적이 되는 것은 무엇인가? 활력적이 되는 것은 평범하게 되는 것이다. 우리 그리스도인들은 살아 있는 방식으로 평범해야 한다. 우리는 항상 주님을 접촉하면서, 우리의 영 안에 머무는 데 최선을 다하고 영을 따라 모든 일을 하며 끊임없이 기도해야 한다. 이렇게 할 때 우리는 평범한 믿는 이, 곧 활력적인 믿는 이가 된다. 나는 어느 정도 기도하지 않으면 메시지를 전하지 못한다는 것을 간증할 수 있다. 메시지는 나의 평범한 기도에서 나온다. 우리가 아침에 주님과 함께하는 기도 시간을 갖지 않는다면, 약해지고 침체될 것이다. 그 상태에서 일어날 수 있는 유일한 길은 "주님, 저를 용서하시고 깨끗하게 해 주십시오. 주님, 저에게 기름 발라 주십시오."라고 기도하는 것이다. 우리는 생명의 원칙을 주의할 때 활력적이 된다.

우리는 하나님께서 정하신 것을 수행해야 한다. 하나님은 우리가 열매를 맺어야 한다고 정하셨다. 하나님은 우리가 그분의 왕국을 위해 사람들을 접촉해야 한다고 정하셨다. 하나님께서 정하신 것이므로 우리는 이것을 수행해야 한다. 하나님께서 정하신 것을 수행하지 않는다면 결코 평범해질 수 없다. 그 대신, 비정상적인 그리스도인이 될 것이다. 물리적으로 말해서, 정상적이 되고 건강해지기 원한다면 호흡하고 먹고 잠자고 적당히 운동해야 한다. 이런 것들을 주의하지 않는다면 건강해지기란 불가능하다. 활력적이 되는 것은 바로 건강해지는 것을 의미하고, 건강해지려면 호흡할 필요 곧 기도할 필요가 있다. 우리는 주님을 먹고 마셔야 한다.

그리고 어떤 일을 하기 위해 훈련해야 한다. 한 주에 적어도 두 차례는 밖으로 나가 사람들을 접촉할 필요가 있다. 하나님께서 정하신 것이므로 우리는 그것을 수행해야 한다. 또한 휴식할 필요가 있다. 잠자는 것은 주님 안에서 안식하는 것을 의미한다. 활력적이 되는 것이 기적이라고 생각하지 말라. 활력적이 되는 것은 평범해지는 것, 정상적이 되는 것이다.

삼십여 년 전에 어떤 형제는 나를 볼 때마다 내가 아주 신선하다고 말했다. 그는 어떻게 내가 그럴 수 있는지 궁금해했다. 나의 영 안에서 기도하지 않고 주님을 만지지 않는다면, 나는 결코 신선해질 수 없다. 그 대신 진부해질 것이다. 내가 신선해지는 열쇠는 주님을 접촉하는 것이다. 이렇게 할 때 나는 정상적인 그리스도인의 생활을 하게 되고 활력적이 된다. 자주 나는 온 땅에 있는 교회들을 위해 기도한다. 기도하지 않으면, 나는 정상적이지 않음을 느낀다. 활력은 우리가 정상적이고 평범한 데서 나온다.

우리는 활력 그룹에 대한 훈련을 얼마간 받았으므로 행동을 취해야 한다. 우리는 기다려서는 안 된다. 하나님께서 정하신 것을 수행하기 위해 우리의 의무를 이행해야 한다. 이렇게 한다면, 우리는 확실히 매년 최소한 하나의 남아 있는 열매를 맺을 것이다. 생명의 원칙이 모두 요한복음 15장에 함축되어 있다. 열매를 맺는 것은 포도나무 가지의 정상적인 상황이다.

우리가 본 것을 평범한 방식으로 실행할 필요가 있다. 그럴 때 우리는 활력적이 될 것이고, 주님의 축복이 우리를 따르는 것을 볼 것이다. 요즈음 나는 주님께 크게 감사드린다. 왜냐하면 주님의 축복이 아주 오랜 세월 동안 나를 따랐기 때문이다. 나는 내 고향 옌타이(煙臺)를 떠나 상하이(上海)로 갔다. 상하이에서부터 중국의 성들을 두루 여행하였다. 결국 나는 대만으로 보내어졌다. 나는 대만에서 필리핀과 동남아시아로 갔다. 그런 다음 미국에 왔다. 육십여 년 동안 나는 주님의 축복이 나를 따르는 것을 보았다. 주님의 축복이 나와 함께할 수 있다면 틀림없이 우리 모두와 도 함께할 수 있다. 주님의 축복이 없다면 우리는 비정상적이며 활력적이지 않을 것이다. 우리는 좁은 문을 통해 들어가야 하고, 그런 다음 비좁은 길을 가기를 배워야 한다. 주님의 제한으로 말미암아 그분께 감사드린다.

우리는 제한되지 않은 방식으로 번성하고 확장되기를 기대해서는 안 된다. 우리가 러시아에 간 것은 스스로 이루어 낸 번성이 아니었다. 그것은 주님께서 하신 것이다. 심지어 러시아에 가는 것에서도 우리는 주님의 제한을 보았다. 고속 도로에서 운전할 때에는 차선 안에 있어야 한다. 이렇게 운전하지 않는다면 자신과 다른 이들에게 손상을 입힐 것이다.

크게 되기를 기대하지 말라. 우리는 제한받을 필요가 있다. 교회생활 안의 환경은 우리를 좁히고 제한한다. 우리는 좁은 문을 통해 들어가 비좁은 길을 가야 한다. 큰일을 하거나 위대한 사람이 되기를 기대하지 말라. 항상 좁은 문을 통해 들어가 비좁은 길을 감으로써 다만 정상적이고 평범하게 생활하라. 그럴 때 확실히 우리는 매년 남아 있는 열매를 맺을 것이다. 또한 많은 성도가 좁은 문을 통과하여 비좁은 길을 가도록 우리에게서 도움을 받을 것이다.

나는 육십여 년 동안 주님을 위해 일했다. 거의 매일, 나는 좁은 문을 통해 들어가 비좁은 길을 가기를 배우고 있다. 나는 제한받기 원한다. 나는 사람의 경력을 유지하여 사람의 계획을 성취하는 것을 원하지 않는다. 그 대신 예수 그리스도의 증거를 짊어짐으로 하나님의 경륜을 수행하기 원한다. 우리는 정상적이고 평범한 그리스도인의 생활을 하면서 늘 주님을 추구하고 그분을 좇아야 한다. 좁은 문을 통해 들어가 비좁은 길을 가기를 항상 훈련하라.

활력 그룹의 훈련과 실행

초판 인쇄일/ 1994년 3월 30일
개정판 인쇄일/ 2024년 8월 14일
개정판 발행일/ 2024년 8월 30일
저자/ 위트니스 리
역자/ 한국복음서원 편집부
발행인/ 이희득
발행처/ 한국복음서원
등록/ Ⓡ1978.3.6. 제16-12호

주소/ 경기도 성남시 중원구 사기막골로 124,
SKn테크노파크 비즈센터 B210호 (13207)
전화/ 1600-3191
팩스/ 031) 709-3389

ISBN/ 979-11-6857-222-5 03230

http://www.kgbr.co.kr
E-mail:kgbr@kgbr.co.kr

정가 12,000원